Priska Wikus

Public Relations und Osteopathie

Die Öffentlichkeitsarbeit
der Österreichischen Gesellschaft
für Osteopathie

Diplomica® Verlag GmbH

Wikus, Priska: Public Relations und Osteopathie: Die Öffentlichkeitsarbeit der Österreichischen Gesellschaft für Osteopathie.
Hamburg, Diplomica Verlag GmbH 2012

ISBN: 978-3-8428-8650-6
Druck: Diplomica® Verlag GmbH, Hamburg, 2012

Bibliografische Information der Deutschen Nationalbibliothek:
Die Deutsche Nationalbibliothek verzeichnet diese Publikation in der Deutschen Nationalbibliografie; detaillierte bibliografische Daten sind im Internet über http://dnb.d-nb.de abrufbar.

Die digitale Ausgabe (eBook-Ausgabe) dieses Titels trägt die ISBN 978-3-8428-3650-1 und kann über den Handel oder den Verlag bezogen werden.

Dieses Werk ist urheberrechtlich geschützt. Die dadurch begründeten Rechte, insbesondere die der Übersetzung, des Nachdrucks, des Vortrags, der Entnahme von Abbildungen und Tabellen, der Funksendung, der Mikroverfilmung oder der Vervielfältigung auf anderen Wegen und der Speicherung in Datenverarbeitungsanlagen, bleiben, auch bei nur auszugsweiser Verwertung, vorbehalten. Eine Vervielfältigung dieses Werkes oder von Teilen dieses Werkes ist auch im Einzelfall nur in den Grenzen der gesetzlichen Bestimmungen des Urheberrechtsgesetzes der Bundesrepublik Deutschland in der jeweils geltenden Fassung zulässig. Sie ist grundsätzlich vergütungspflichtig. Zuwiderhandlungen unterliegen den Strafbestimmungen des Urheberrechtes.

Die Wiedergabe von Gebrauchsnamen, Handelsnamen, Warenbezeichnungen usw. in diesem Werk berechtigt auch ohne besondere Kennzeichnung nicht zu der Annahme, dass solche Namen im Sinne der Warenzeichen- und Markenschutz-Gesetzgebung als frei zu betrachten wären und daher von jedermann benutzt werden dürften.

Die Informationen in diesem Werk wurden mit Sorgfalt erarbeitet. Dennoch können Fehler nicht vollständig ausgeschlossen werden, und der Diplomica Verlag, die Autoren oder Übersetzer übernehmen keine juristische Verantwortung oder irgendeine Haftung für evtl. verbliebene fehlerhafte Angaben und deren Folgen.

© Diplomica Verlag GmbH
http://www.diplomica-verlag.de, Hamburg 2012
Printed in Germany

Inhalt

1. Einleitung 7
2. Öffentlichkeitsarbeit..11
   2.1 Eine Definition von Öffentlichkeitsarbeit 11
   2.2 Zielgruppen von Öffentlichkeitsarbeit...13
   2.3 Ziele der Öffentlichkeitsarbeit 16
   2.4 Instrumente und Methoden der Öffentlichkeitsarbeit 17
     2.4.1 Geeignete Instrumente für die interne Öffentlichkeit................................18
     2.4.2 Geeignete Instrumente für die Fach-(politische) Öffentlichkeit 18
     2.4.3 Geeignete Instrumente für die Kern-Öffentlichkeit 19
     2.4.4 Geeignete Instrumente für die Medienöffentlichkeit.................................19
     2.4.5 EXKURS Online Kommunikation 20
   2.5 Öffentlichkeitsarbeit von Verbänden 22
     2.5.1 Ehrenamtliche MitarbeiterInnen 23
3. PR-Evaluation 25
   3.1 Definition der PR-Evaluation..25
   3.2 Verschiedene Methoden der PR-Evaluation 26
   3.3 Pro und Contra der PR-Evaluation 29
   3.4 Das integrierte PR-Evaluations-Modell 32
4. Die ÖGO 34
   4.1 Verbandsgeschichte und -struktur 34
   4.2 Öffentlichkeitsarbeit der ÖGO 35
     4.2.1 Ziele der Öffentlichkeitsarbeit der ÖGO 35
     4.2.2 Zielgruppen der Öffentlichkeitsarbeit der ÖGÖ 36
     4.2.3 Instrumente und Methoden der Öffentlichkeitsarbeit der ÖGÖ 37
5. Forschungsdesign 39
   5.1 Bessons Modell der integrierten PR-Evaluation 39
   5.2 Datenerhebung 41
     5.2.1 Erstellung des Evaluationsplans 41

- 5.2.2 Die Konzeptionsevaluation 42
- 5.2.3 Die Prozessevaluation 42
- 5.2.4 Die instrumentelle Evaluation 44
- 5.2.5 Die Einstellungsevaluation 46
- 5.3 Datenauswertung 46
- 5.3.1 Auswertung der Daten der Konzeptionsevaluation 46
- 5.3.2 Auswertung der Daten der Prozessevaluation 47
- 5.3.3 Auswertung der Daten der instrumentellen Evaluation 48
- 6 Ergebnisse 49
  - 6.1 Die Einzelergebnisse 49
    - 6.1.1 Ergebnisse der Konzeptionsevaluation 49
    - 6.1.2 Ergebnisse der Prozessevaluation 51
    - 6.1.3 Ergebnisse der instrumentellen Evaluation 53
  - 6.2 Die Gesamtergebnisse 58
- 7 Diskussion 61
- 8 Empfehlungen zur Verbesserung der Öffentlichkeitsarbeit der ÖGO 63
- 9 Abschließende Bemerkungen 65
  - 9.1 Rückblick 65
  - 9.2 Reflexion des Forschungsprozesses 65
  - 9.3 Die wichtigsten Ergebnisse im Überblick 66
  - 9.4 Ausblick 66

Literaturverzeichnis 67

Abbildungsverzeichnis 69

Anhang 70

Abstract

In Austria – as in many other countries in Europe – Osteopathy is neither statutory regulated nor recognized as an independent medical discipline. Many professional associations in different countries fight for these goals: the statutory regulation of Osteopathy and the approval of Osteopathy as an independent medical discipline. Furthermore the collaboration with medical doctors and public health insurance companies is intended.

The Austrian Association of Osteopathy is also trying to reach these goals. Therefor the professional association needs big numbers of members and the support of publicitiy.

Against this background I developed the following question whichs forms the basis of this master thesis:

To what extend are the PR-projects, planed by the ÖGO, suited for the implementation of the goals that the ÖGO wants to reach within their PR-projects?

After a multilevel PR-evaluation following the idea of the integrated modell from Besson and the analysis of the collected data, it showed that the PR-concept and planing of the Austrian Association of Osteopathy is not structured nor defined well enough. Therefor the implemented measures that were built upon this concept can not reach the goals to the fullest. Also the messages – transported by these measures – are not verbalized clearly.

Possibilities of improvement arise concerning the planing oft he PR-concept of the Austrian Association of Osteopathy. Specific definitions of the messages simplify the implementation oft he PR-project: Who ist he Austrian Association of Osteopathy? What do they want? Do members and (potential) patients have any benefit from this professional association? An analysis of the situation of the Austrian Association of Osteopathy can give some indication of the current postition and situation and allows an optimal adjustment of the PR-project. The revision of the website and the folders can include the missing messages. Also the implementation of the goals that haven't been achieved yet, the collaboration with media and press and the integration of the main goal of the ÖGO (the statutory regulation of Osteopathy and the approval of Osteopathy as an independent medical discipline in Austria) can help to improve the PR-project of the Austrian Association of Osteopathy and guarantee its efficiency.

Keywords

Austrian Association of Osteopathy – Public Relation – PR-Evaluation – Approval of Osteopathy

Zusammenfassung

Die Osteopathie unterliegt in Österreich – wie auch in den meisten anderen Ländern Europas – keiner gesetzlichen Reglementierung und ist als eigenständige medizinische Disziplin nicht anerkannt. Viele Berufsverbände der verschiedenen Länder haben es sich somit zum Ziel gesetzt, diese Anerkennung und Reglementierung für die Osteopathie durchzusetzen – und auch die Zusammenarbeit mit ÄrztInnen und den Krankenkassen zu stärken.

Auch die Österreichische Gesellschaft für Osteopathie arbeitet an diesem Ziel. Dies gelingt jedoch nur als Mitglieder-starke Berufsvereinigung mit zusätzlicher Unterstützung der Öffentlichkeit.

Vor diesem Hintergrund entwickelte sich die Fragestellung, die dieser Studie zugrunde liegt: Inwiefern eignen sich die von der ÖGO geplanten PR-Projekte zur Umsetzung jener Ziele, die sich die ÖGO hinsichtlich ihrer PR setzt?

Nach einer mehrstufigen PR-Evaluation nach dem integrierten Modell nach Besson und der Auswertung der gewonnenen Daten zeigte sich, dass das PR-Konzept der Österreichischen Gesellschaft für Osteopathie und die Planung des PR-Projektes nicht ausreichend strukturiert und unklar definiert sind. Darauf aufbauende Maßnahmen können dementsprechend nicht alle Ziele erreichen. Auch die Botschaften, die diese Maßnahmen transportieren sollen, sind nicht deutlich formuliert.

Verbesserungsmöglichkeiten ergeben sich demnach in erster Linie hinsichtlich der Planung des PR-Projektes der Österreichischen Gesellschaft für Osteopathie. Konkrete Definitionen der Botschaften, die vermittelt werden sollen, erleichtern die Umsetzung des Projektes: Wer ist die Österreichische Gesellschaft für Osteopathie? Was will sie erreichen? Wodurch profitieren Mitglieder und (potentielle) PatientInnen? Eine Situationsanalyse, die vorab erstellt wird, kann Aufschluss über die momentane Position und Situation liefern und erlaubt eine optimale Anpassung des PR-Projektes. Durch eine Überarbeitung der Homepage und der Folder können diese Botschaften transportiert werden. Auch die Umsetzung der noch nicht erreichten Ziele, sowie die Auseinandersetzung mit der Presse und die vermehrte Integration des Hauptzieles der ÖGO – die gesetzliche Reglementierung und Anerkennung der Osteopathie in Österreich – können das PR-Projekt der ÖGO und dessen Effizienz verbessern.

Schlüsselwörter

Österreichische Gesellschaft für Osteopathie – Öffentlichkeitsarbeit – PR-Evaluation – Anerkennung der Osteopathie

1. Einleitung

„Tu Gutes und rede darüber!" (Zedtwitz-Arnim 1961) – dieser vielzitierte Ausspruch des bekannten PR-Fachmannes Georg-Volkmar Graf Zedtwitz-Arnim gilt als einer der Grundsätze erfolgreicher Öffentlichkeitsarbeit. Auch ‚Bad news is good news' und der aus dem Mittelalter stammende Spruch ‚Klappern gehört zum Handwerk' (vgl. Mavridis 2012: 1) prägen Public Relations. Aufgrund aktueller wirtschaftlicher Entwicklungen und dem steigenden Konkurrenzdruck innerhalb Unternehmen wird heutzutage nicht nur der Werbung, sondern auch der Öffentlichkeitsarbeit[1] große Bedeutung zugesprochen. Aber auch der Kampf von nonprofit-Organisationen um SpenderInnen und UnterstützerInnen wächst, das langfristige Anbinden und die finanzielle, aber auch anderweitige Unterstützung rücken immer weiter in den Vordergrund (vgl. Franck 2012: 25).

Public Relations zählen zu den wirksamsten Mitteln in diesem Kampf. Doch nicht nur die Kommunikation mit potentiellen KlientInnen, PatientInnen, Mitgliedern und SpenderInnen steht im Zentrum der Öffentlichkeitsarbeit. Auch der Austausch mit Medien, Fachpersonen und PolitikerInnen ist ein wichtiger Bestandteil der PR. Mit den richtigen PR-Maßnahmen kann eine Organisation nicht nur das öffentliche Interesse wecken, sondern auch das Wohlwollen und die Aufmerksamkeit von PolitikerInnen – ein wesentlicher Punkt auf dem Weg der Umsetzung der eigenen Interessen (vgl. a.a.O.).

Wirft man einen Blick auf die Situation der Osteopathie in Österreich, zeigt sich ein klarer Handlungsbedarf. Die Osteopathie ist als „eigenständige, medizinisch-wissenschaftliche und ganzheitliche Behandlungsmethode in Österreich noch nicht gesetzlich reglementiert" (Österreichische Gesellschaft für Osteopathie 2012a, 1). Mit den gesetzlichen Krankenkassen besteht keine Einigung zur (teilweisen) Rückvergütung der Behandlungskosten (vgl. a.a.O.).

Auch in vielen anderen europäischen Ländern ist die Situation vergleichbar schlecht: In Deutschland ist die Osteopathie offiziell nicht anerkannt und dementsprechend gesetzlich nicht reglementiert. In Belgien gibt es zwar eine Legalisierungsregelung für Osteopathie, eine vollständige gesetzliche Reglementierung gibt es jedoch auch nicht. Im europäischen Raum ist die Osteopathie lediglich in Frankreich, Finnland, Großbritannien, Island und Malta als eigenständiger Beruf gesetzlich geregelt. In den USA vergleichsweise sind OsteopathInnen den AllgemeinmedizinerInnen gleichgestellt und dürfen sogar Medikamente verordnen (vgl. Österreichische Gesellschaft für Osteopathie 2012b, 1). Dies lässt für die Situation in Europa

---

[1] Obwohl Werbung und PR ein und dasselbe Ziel verfolgen – nämlich das Weiterkommen und den Fortbestand eines Unternehmens zu sichern, liegen den beiden unterschiedliche Schwerpunkte zugrunde: Werbung versucht, ein bestimmtes Produkt oder eine Dienstleistung anzupreisen und zu verkaufen – PR bezieht sich auf Tätigkeiten von Organisationen und sucht den Dialog mit der Öffentlichkeit (vgl. Pöhacker 2011: 1).

und auch in Österreich hoffen: OsteopathInnen in ganz Europa streben sowohl die gesetzliche Anerkennung als auch Schützung ihres Berufsstandes an und erhoffen sich gleichberechtigte Zusammenarbeit mit ÄrztInnen und Kooperation mit den Krankenkassen. Die verschiedenen Berufsverbände der einzelnen Länder, wie beispielsweise die Österreichische Gesellschaft für Osteopathie (ÖGO) oder der VOD (Verband der OsteopathInnen Deutschland e.V.) – aber auch die EFO, die European Federation of Osteopaths – haben es sich zum Ziel gesetzt, Osteopathie in ganz Europa gesetzlich zu reglementieren und zu schützen (vgl. a.a.O.).

Ruft man sich also die bereits kurz erläuterten Zielen effizienter PR in Gedächtnis und verknüpft diese mit der aktuellen Situation der Osteopathie in Österreich und den Bestrebungen der Osteopathie europaweit, ist klar ersichtlich, dass Öffentlichkeitsarbeit einen wesentlichen Beitrag zur Durchsetzung dieser Bestrebungen leisten kann.
Optimale Öffentlichkeitsarbeit kann sowohl die Kommunikation mit PolitikerInnen verbessern, als auch Mitglieder stärker an den Verein binden, sie zu aktiver Mitarbeit motivieren oder über effiziente Pressearbeit die allgemeine Öffentlichkeit informieren. PR-Evaluation dient zum einem der Beurteilung eines PR-Projektes, zum anderen natürlich auch der Optimierung und Verbesserung dieses Projektes.
Das Ziel dieser Studie lässt sich somit dahingehend formulieren, dass die Öffentlichkeitsarbeit der ÖGO in erster Linie einer Prüfung unterzogen und weiterführend verbessert werden soll, um langfristig einen unterstützenden Beitrag im Kampf um die Anerkennung und gesetzlichen Reglementierung zu leisten.
Um dieses Ziel zu erreichen, wurde folgende Forschungsfrage festgelegt:

Forschungsfrage
Inwiefern eignen sich die von der ÖGO geplanten PR-Projekte zur Umsetzung jener Ziele, die sich die ÖGO hinsichtlich ihrer PR setzt?

Subfragen:
- Welche PR-Ziele und Zielgruppen der PR formuliert die ÖGO?
- Inwieweit entsprechen die formulierten Ziele den angesprochenen Zielgruppen?
- Welche Maßnahmen und Instrumente plant die ÖGO zur Erfüllung/Erreichung dieser Ziele?

Osteopathische Relevanz
Wie bereits erläutert, ist die Anerkennung der Osteopathie in nahezu ganz Europa das Ziel osteopathischer Berufsverbände und Vereinigungen, ebenso in Österreich (vgl.

Österreichische Gesellschaft für Osteopathie 2012b, 1). Auch das Ziel des ‚Erst-Kontakt-Rechts' – sprich des Arbeitens ohne vorangehende Zuweisung von einer/einem Ärztin/Arzt – ist ein wichtiger Punkt in der weiteren Entwicklung der Osteopathie.

Eine starke, mitgliederreiche Berufsvertretung, die die OsteopathInnen professionell vor PolitikerInnen und EntscheidungsträgerInnen repräsentiert und auch in der allgemeinen Öffentlichkeit greif- und erreichbar ist, stellt für jedes Land das Um- und Auf beim Erreichen dieser gesteckten Ziel dar. Öffentlichkeitsarbeit, die auf allen Ebenen entsprechende Ziele verfolgt und diese Ziele auch mit adäquaten Instrumenten umzusetzen versucht, ist ein entscheidender Schritt in Richtung Anerkennung, gesetzliche Reglementierung und Präsenz in der allgemeinen Öffentlichkeit.

Methodisches Vorgehen

Um die Forschungsfragen, die dieser Studie zu Grunde liegen, beantworten zu können, bietet sich das Instrument der integrierten PR-Evaluation nach Besson an. Dieses Modell sieht die PR-Evaluation in mehreren, Baukasten-artigen Stufen vor (vgl. Besson 2004: 76). Phase eins – die Konzeptionsevaluation – beschäftigt sich hierbei mit dem PR-Plan der Organisation und versucht, mittels ExpertInnenfragebogen Programmzweck und -ziel hinsichtlich Definition und Durchführbarkeit zu untersuchen (vgl. a.a.O.: 111f.). In Phase zwei, der Prozessevaluation, stehen die PR-Maßnahmen im Zentrum, die in einem ExpertInneninterview mit der/dem PR-LeiterIn und eventuellen Projektbeobachtungen evaluiert werden. Das ExpertInneninterview versteht sich hierbei als Leitfadeninterview, bei dem die interviewte Person in erster Linie in ihrer Rolle als ExpertIn interessant ist und als RepräsentantIn einer Gruppe gesehen wird (vgl. Flick 2007: 214ff.) Die instrumentelle Evaluation erhebt – je nach eingesetztem PR-Instrument mit passender Methode, beispielsweise Medienresonanzanalyse, Interview oder Beobachtung – die Medienresonanz, Aufmerksamkeit und Wahrnehmung innerhalb der Zielgruppe (vgl. Besson 2004: 180). Abschließend kann in Phase vier eine Einstellungsevaluation erfolgen, die mittels Zielgruppenbefragung langfristige Meinungs-, Wissens-, Emotions- und Verhaltensänderungen der Zielgruppe untersucht.

Aufbau der Arbeit

Nach dem einleitenden ersten Kapitel beschäftigt sich das zweite Kapitel dieser Arbeit mit den Grundsätzen der Öffentlichkeitsarbeit. Der Begriff ‚Öffentlichkeitsarbeit' wird definiert, um darauf aufbauend Zielgruppen, Ziele und auch Instrumente und Methoden der PR vorzustellen. Auch die Sonderposition der Öffentlichkeitsarbeit von Verbänden wird in diesem zweiten Kapitel erläutert.

Ergänzend hierzu wird im dritten Kapitel ein essentieller Bestandteil der PR aufgegriffen: die PR-Evaluation. Als fixer Bestandteil einer Management-orientierten Öffentlichkeitsarbeit wird zuerst der Begriff ‚PR-Evaluation' definiert, um dann verschiedene Modelle der PR-Evaluation vorzustellen. Nach einer kurzen Auflistung von Argumenten für und gegen die Beurteilung von Öffentlichkeitsarbeit wird kurz das Modell der integrierten PR-Evaluation beschrieben – eine genaue Erläuterung dieser Methode folgt in Kapitel fünf.

Die Österreichische Gesellschaft für Osteopathie steht im Zentrum des vierten Kapitels. Nach einem kurzen Abriss der Verbandsgeschichte und -struktur wird im Speziellen die Öffentlichkeitsarbeit der ÖGO vorgestellt. Analog zum zweiten Kapitel werden auch hier die Punkte Ziele, Zielgruppen und Instrumente und Methoden der PR – jedoch mit besonderem Fokus auf die Österreichische Gesellschaft für Osteopathie – beleuchtet.

Das fünfte Kapitel dieses Buches widmet sich dem hier zugrunde liegenden Forschungsdesign, der integrierten PR-Evaluation nach Besson. Die Phasen der Datengewinnung und -auswertung stehen hier im Zentrum.

Die Ergebnisse der Forschung werden im sechsten Kapitel dargestellt und anschließend in Kapitel sieben auch diskutiert.

Das achte Kapitel widmet sich von den Forschungsergebnissen abgeleiteten Empfehlungen zur möglichen Verbesserung der PR-Arbeit der ÖGO.

Im neunten Kapitel werden die wesentlichen Erkenntnisse dieser Untersuchung noch einmal abschließend zusammen gefasst. Die Reflexion des Forschungsprozesses und ein zukunftsorientierter Ausblick runden diese Arbeit ab.

2. Öffentlichkeitsarbeit

Im folgenden Kapitel soll zu Beginn dieser Arbeit erläutert werden, was unter ‚Öffentlichkeitsarbeit' zu verstehen ist. Doch nicht nur eine Definition dieses Begriffes, sondern auch die AdressatInnen und Ziele sowie wirksame Instrumente und Methoden der Öffentlichkeitsarbeit werden dargestellt. Abschließend werden in Hinblick auf die Österreichische Gesellschaft für Osteopathie – die im Zentrum dieser Arbeit steht – Besonderheiten der Öffentlichkeitsarbeit von Verbänden erläutert.

2.1 Eine Definition von Öffentlichkeitsarbeit

Da sich die Öffentlichkeitsarbeit aus der Praxis heraus entwickelte (vgl. Besson 2004: 25), steht am Anfang dieses Kapitels ein kurzer Abriss der Geschichte der Öffentlichkeitsarbeit – oder auch dem synonymgebräuchlichen Begriff der Public Relations (PR). Dies ist erforderlich, um die aktuelle Situation der PR zu verstehen.

Das Engagement der Menschen für Öffentlichkeitsarbeit lässt sich weit zurückverfolgen – Cutlip, Center und Broom (1994) beziehen sich hierbei auf eine steinerne Informationstafel aus der Zeit um 1800 v. Chr. (vgl. a.a.O.: 89f). Grunig und Hunt (1984) bezeichnen Aristoteles' Werk ‚Rhetorik' aus dem 4. Jahrhundert v. Chr. als „frühes PR-Handbuch" (a.a.O.: 15) und die Propheten des Neuen Testaments als „Pressesprecher des Herrn" (a.a.O.).

Mit der Erklärung der Pressefreiheit im 17. Jahrhundert n. Chr. in Frankreich, England und den Vereinigten Staaten, fingen Politiker[2] und Regierungen mittels schriftlicher Texte an, ihre Anschauungen zu verbreiten und versuchten, die Öffentlichkeit für ihre Interessen zu begeistern. Im deutschsprachigen Raum entwickelte sich die Öffentlichkeitsarbeit Mitte des 19. Jahrhunderts „vor allem aus industriellen und obrigkeitlichen Wurzeln" (Besson 2004: 21). Hierbei lag der Fokus in erster Linie auf Propaganda – auf der Verbreitung positiver Informationen (vgl. a.a.O.). Als der investigative Journalismus zu Beginn des 20. Jahrhunderts zunahm, sahen sich Unternehmen gezwungen, ihre PR zu überdenken und nicht nur auf positive Informationen nach eigenem Ermessen zu stützen. Der Journalist I. Lee veröffentlichte aus diesem Grund 1906 ein Handbuch für Unternehmen zum korrekten Umgang mit der Öffentlichkeit, in dem er den Unternehmen folgendes riet: „Sage die Wahrheit über eine Organisation und ihre Aktivitäten; wenn diese Wahrheit der Organisation schadet, dann ändere das Verhalten der Organisation, so dass die Wahrheit wieder ohne Befürchtungen erzählt werden kann" (a.a.O.: 22). Diese Deklaration Lees gilt als Geburtsstunde der modernen PR, da er damit den Schritt von reiner Propaganda hin zur Informationspolitik wagte. In den 30er und 40er Jahren des 20. Jahrhunderts achteten PR-Fachleute erstmals auch darauf, was die Öffentlichkeit *interessierte*. Sie nutzen Ergebnisse

---

[2] Es ist davon auszugehen, dass im 17. Jahrhundert vorwiegend Männer in der Politik tätig waren.

aus sozialwissenschaftlichen Untersuchungen und versuchten, „übereinstimmende Werte zwischen Unternehmen und Öffentlichkeit für effektvolle PR" (a.a.O.) zu nutzen. Auch diese Form der Öffentlichkeitsarbeit war jedoch – wie schon ihre Vorgänger Propaganda und reine Information – einseitig und asymmetrisch. Den Vorsatz, die PR-Arbeit hin zu einer symmetrischen, gleichberechtigten Kommunikation zu führen, fassten erstmals Cutlip und Center 1952 und legten dabei großen Wert auf die wechselseitige Beeinflussung zwischen den Unternehmen und der Zielgruppe (vgl. a.a.O.).

In der Literatur lassen sich heute etliche Definitionen für den Begriff Öffentlichkeitsarbeit – oder Public Relations – finden: schon im Jahr 1976 fand Harlow in den Vereinigten Staaten von Amerika an die fünfhundert unterschiedliche Beschreibungen (vgl. Cutlip, Center und Broom 1994: 6).
Eine der am weitest gefassten Definitionen findet man bei Grunig und Hunt (1984). Die Autoren beschreiben Öffentlichkeitsarbeit als das „Verwalten von Beziehungen zur Öffentlichkeit" (a.a.O.: 15), das „Anbieten von Information" (a.a.O.) und das „Werben um Vertrauen für die eigenen Interessen durch bewusste Kommunikation" (a.a.O.). Franck (2012) schließt sich dieser Definition an und beschreibt Öffentlichkeitsarbeit als „Pflege öffentlicher Beziehungen" (a.a.O.: 19). Beziehungen sind hierbei für ihn nichts Selbstverständliches, sondern bedürfen stetiger Arbeit. Wichtige Elemente sind Aufmerksamkeit und Kommunikation. Beides entsteht und entwickelt sich nicht automatisch, sondern muss erst ermöglicht werden – es handelt sich bei der Öffentlichkeitsarbeit demnach um eine sogenannte „Bringschuld" (a.a.O.: 42). Die wichtigsten Schlagworte der PR sind somit die *Beziehung mit der Öffentlichkeit, Werbung um öffentliches Vertrauen* und die *öffentliche Meinung positiv beeinflussen* (vgl. Bogner 1999: 26).
Im englischsprachigen Raum setzten sich Cutlip, Center und Broom (1994) mit Öffentlichkeitsarbeit auseinander und definieren PR als „management function that identifies, establishes a maintains mutually beneficial relationships between an organization and the publics on whom its sucess or failure depends" (a.a.O.: 6).

Besson (2004) erweitert diese gängigen Definitionsansätze um einen wichtigen Punkt. In ihrer Arbeit „Strategische PR-Evaluation" versteht sie Öffentlichkeitsarbeit als *„Management* von Beziehungen zwischen Organisationen und ihren relevanten *Teilöffentlichkeiten"* (a.a.O.: 26, Herv. i. O.). Wichtig ist der Autorin sowohl die *wechselseitige* Kommunikation zwischen Organisation und Öffentlichkeit, die entweder direkt oder über Medien stattfinden kann, als auch der prozesshafte Charakter der PR. Auch Franck (2012) sieht Öffentlichkeitsarbeit als Managementaufgabe und entwickelt einige Grundsätze zu erfolgreicher PR:

Glaubwürdigkeit, das Bestimmen von Teilöffentlichkeiten und das Verständnis der Organisationen als Dienstleisterin (vgl. a.a.O.: 47).

Diese Arbeit orientiert sich an Bessons und Francks Definition und versteht PR – oder auch Öffentlichkeitsarbeit – als Managementprozess, der sich um die Beziehung einer Organisation mit vorab festgelegten Teilöffentlichkeiten bemüht.

All diesen Definitionen ist gemeinsam, dass die AutorInnen vermeiden, Taktiken, Instrumente oder Tätigkeitsfelder der PR aufzuzählen. Setzt man sich mit dem konkreten Vorgehen der Öffentlichkeitsarbeit auseinander, stößt man bei Besson auf eine Einteilung der PR von Steinmann und Schreyögg (1990): Planung, Organisation, Personaleinsatz, Führung und Kontrolle bilden die Hauptbestandteile erfolgreicher Öffentlichkeitsarbeit (vgl. a.a.O.: 7ff). Besonders durch Planung und Kontrolle gelingen eine Aufwertung und Professionalisierung der PR (vgl. Besson 2004: 29ff). Diese Elemente sollten nach Bogner (1999) und Brömmling (2010c) durch folgende Eigenschaften gekennzeichnet sein: Präsenz, optimale interne Kommunikation, Überzeugung, Offenheit, Ehrlichkeit, Kontinuität, Professionalität, Systematik, Fairness, Aufrichtigkeit, Sachlichkeit und Universalität (vgl. Bogner 1999: 30; Brömmling 2010c: 115). Bogner (1999) ergänzt diese Liste auch um Verbote, die bei Öffentlichkeitsarbeit möglichst vermieden werden sollen: Späte Informationsweitergabe, Inkontinuität, inaktive MitarbeiterInnen oder auch unbedachte Kommunikation mit JournalistInnen zählen nicht zu Maßnahmen effektiver Öffentlichkeitsarbeit (vgl. a.a.O.: 44f.).

Da nun bekannt ist, was unter Öffentlichkeits*arbeit* zu verstehen ist, stellt sich nun die Frage, was oder wer die sogenannte *Öffentlichkeit* darstellt. Dem wird im kommenden Abschnitt nachgegangen.

2.2 Zielgruppen von Öffentlichkeitsarbeit

Die Zielgruppen – oder auch AdressatInnen – von PR stehen in diesem Kapitel im Zentrum. Um die PR auf jede InteressentInnen-Gruppe optimal abstimmen und besondere Schwerpunkte setzen zu können, wird die Gesamtöffentlichkeit in sogenannte Teilöffentlichkeiten eingeteilt (vgl. Franck 2012: 21): JournalistInnen interessieren sich beispielsweise für andere Informationen als die Mitglieder eines Vereines oder ProjektpartnerInnen (vgl. Brömmling 2010b, 43). Franck (2012) unterscheidet wie folgt:

- Interne Öffentlichkeit
- Fach(politische) Öffentlichkeit
- ‚Kern'-Öffentlichkeit
- Medienöffentlichkeit (vgl. a.a.O.: 21)

Die *interne Öffentlichkeitsarbeit* richtet sich an die MitarbeiterInnen eines Unternehmens oder an Mitglieder eines Verbandes, aber auch an den Vorstand, an (potentielle) SpenderInnen und ehrenamtliche MitarbeiterInnen. Sie hat entscheidenden Einfluss auf die externe Öffentlichkeitsarbeit, da sie grundlegend für ein einheitliches Auftreten nach außen hin ist (vgl. Bogner 1999: 42; Brömmling 2010b, 44). MitarbeiterInnen und Mitglieder sollen über aktuelle Themen informiert und an den Verein bzw. an das Unternehmen gebunden werden. Auch die Motivation und aktive Mitarbeit der Mitglieder soll erreicht werden (vgl. Franck 2012: 23).

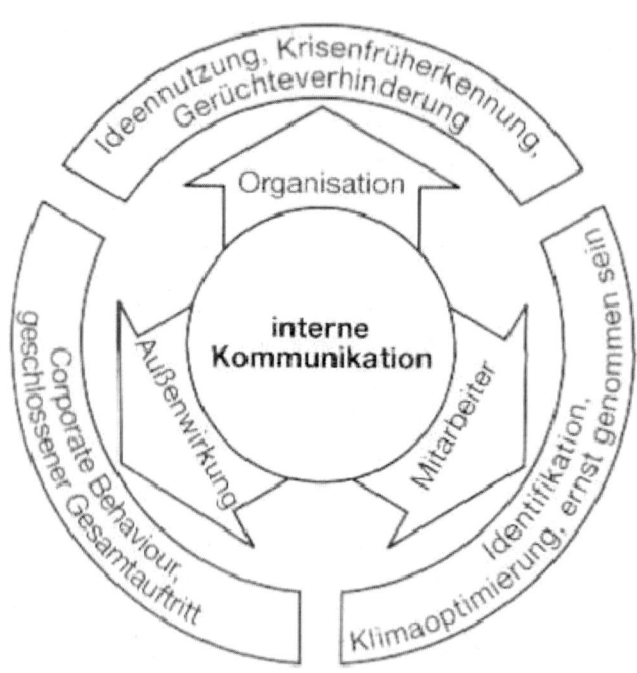

Abbildung 1 zeigt Vorteile guter interner Kommunikation (Brömmling 2010a: 109)

Die *Fach-(politische) Öffentlichkeit* setzt sich aus PolitikerInnen, Abgeordneten, Ausschüssen, WissenschafterInnen, Instituten und Parlamenten zusammen. Je nach Interessensgebiet umschließt sie gesundheits-, kultur-, umwelt- oder sozialpolitisch-orientierte ExpertInnen (vgl. a.a.O.: 25).

Die *‚Kern'-Öffentlichkeit* bezeichnet KlientInnen, PatientInnen, deren Angehörige und andere Interessierte. (Potentielle) SpenderInnen sind ebenfalls dieser Gruppe zuzuordnen, da sie in einer Sonderstellung sowohl als Interessierte Teil der Kern-Öffentlichkeit, aber auch als Randgruppe der internen Öffentlichkeit mit (teilweise) Mitspracherecht angehören. Franck (2012) bezeichnet die ‚Kern'-Öffentlichkeit als „Ausgangspunkt der Öffentlichkeitsarbeit" (a.a.O.: 26), betont allerdings auch, dass sie nicht notgedrungen im Mittelpunkt der PR eines

Verbandes oder Unternehmens stehen muss (vgl. a.a.O.). Die ‚Kern'-Öffentlichkeit soll die Möglichkeit haben, problemlos in Kontakt mit dem Unternehmen oder dem Verein zu treten – die ‚Hemmschwelle' soll möglichst gering gehalten werden (vgl. a.a.O.).

Die *Medienöffentlichkeit* erreicht eine Organisation in erster Linie über Pressearbeit. Die Medienöffentlichkeit beinhaltet JournalistInnen, LeserInnen, HörerInnen, ZuseherInnen und wird oft auch „allgemeine Öffentlichkeit" (Franck 2012: 24) genannt. Wirksame Pressearbeit muss allerdings in jedem Fall von solcher Öffentlichkeitsarbeit begleitet werden, die auch die anderen bereits erwähnten Zielgruppen anspricht, um einen Benefit für das Unternehmen oder den Verein zu zeigen (vgl. a.a.O.:27). Bogner (1999) betont, dass Pressearbeit zwar stets vorranging zu behandeln, trotzdem aber immer nur als *Teil* der Öffentlichkeitsarbeit zu sehen sei (vgl. a.a.O.: 42).

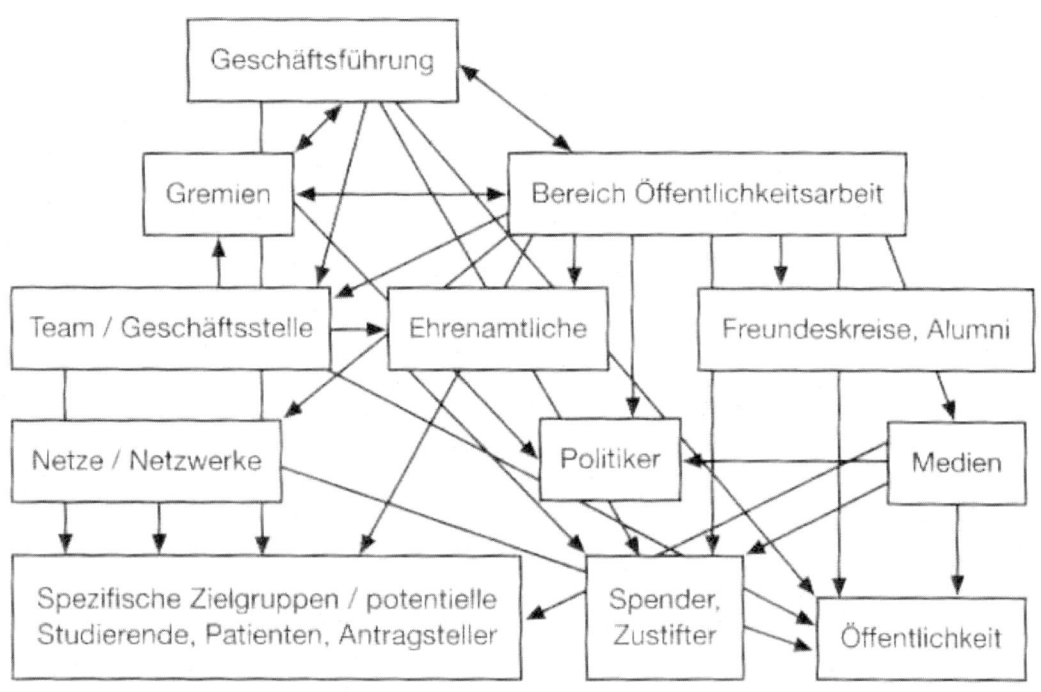

Abbildung 2 zeigt die verschiedenen Zielgruppen und Wege der Kommunikation (Brömmling 2010b: 44).

Auffällig erscheint, dass viele AutorInnen eine unterschiedliche Gewichtung hinsichtlich der Zielgruppen von Öffentlichkeitsarbeit vornehmen, die sich jedoch gegenseitig nicht ausschließt. Franck (2012) hebt in erster Linie die Kern-Öffentlichkeit besonders hervor (vgl. a.a.O.: 26), Bogner (1999) schreibt der Pressearbeit größte Wichtigkeit zu (vgl. a.a.O.:42), nennt aber gleichzeitig auch die interne Öffentlichkeit als Ausgangspunkt erfolgreicher PR (vgl. a.a.O.: 151). Es scheint somit, dass alle Zielgruppen gleichermaßen – und vor allem auch mit vorab festgelegten und abgestimmten Zielen – angesprochen werden müssen, um eine effektive PR zu gewährleisten. Diese Ziele stehen im Zentrum des kommenden Kapitels.

2.3 Ziele der Öffentlichkeitsarbeit

Bogner (1999) beschreibt treffend: „Ohne Ziel kein Weg und kein Erfolg" (a.a.O.: 69) und fordert konkrete Zielformulierungen schon beim Planungsprozess erfolgreicher Öffentlichkeitsarbeit. Die PR-Ziele müssen gleichbedeutend sein wie allgemeine Unternehmensziele (vgl. a.a.O.: 70). Des Weiteren müssen die Ziele sowohl operationalisierbar – sprich umsetzbar – als auch kontrollierbar sein. Eine möglichst exakte Formulierung und eine gewisse Flexibilität erleichtert die Umsetzbarkeit der Ziele. Akzeptieren die MitarbeiterInnen eines Unternehmens bzw. die Mitglieder eines Vereins die Ziele nicht, oder werden die MitarbeiterInnen und Mitglieder nicht in die aktuelle Zielsetzung miteinbezogen oder informiert, können diese auch nicht umgesetzt werden (vgl. a.a.O.: 71f.). Bogner (1999) nennt aufbauend auf diesen Forderungen einige allgemeine Ziele von Öffentlichkeitsarbeit, erhebt hierbei allerdings keinen Anspruch auf Vollständigkeit. Die wichtigsten seien hier genannt:

- „Erhöhung des Bekanntheitsgrades,
- Veränderung oder Verfestigung des Images (…)
- Positionierung der Institution in der öffentlichen Meinung bzw. in der Meinung von Teilöffentlichkeiten, (…)
- Schaffung von Verbündeten und Sympathisanten,
- Objektive bis wohlwollende Berichterstattung in den Medien,
- Unterstützung von Anliegen und Projekten gegenüber Behörden, der Legislative und anderen Partnern,
- Bessere Voraussetzungen auf dem Arbeitsmarkt und in anderen Teilbereichen,
- Objektive und verständnisvolle Behandlung durch die Öffentlichkeit in Krisensituationen,
- Gerüchte und Verleumdungen fallen auf weniger fruchtbaren Boden" (a.a.O.: 28).

Um Öffentlichkeitsarbeit allerdings nicht zu überschätzen, ergänzt Bogner (1999) diese Zielsetzungen auch um eine Auflistung jener Intentionen, die mittels PR *nicht* erreicht werden können:

- „Negative Entwicklungen oder Verfehlungen ins Gegenteil verkehren oder ungeschehen machen.

- Verantwortungsloses Handeln kaschieren oder kompensieren. (….)
- Fehlende Ehrlichkeit in ein günstiges Licht rücken.
- Schlechte Produktqualität übertünchen.
- Werbung ersetzen.
- In Krisensituationen die Kastanien aus dem Feuer holen" (a.a.O.: 29).

Beschäftigt man sich konkreter mit den Intentionen der Öffentlichkeitsarbeit, muss man betonen, dass die PR unterschiedliche Ziele verfolgt – je nachdem welche der in Kapitel 2.1 genannten Zielgruppen sie ansprechen möchte: Die interne Öffentlichkeit soll in erster Linie motiviert, aktiviert und an den Verein bzw. an das Unternehmen gebunden werden. Die Fach-(politische) Öffentlichkeit soll den Verein bzw. das Unternehmen unterstützen. Bei der Kern-Öffentlichkeit bemühen sich Organisationen um Vertrauen, Bindung und auch Aktivierung, Spenden sollen gewonnen werden. Mittels Pressearbeit sollen die öffentliche Wahrnehmung und die Sympathie der Medien- oder auch der allgemeine Öffentlichkeit gewonnen werden.

Da nun erklärt wurde, wer mittels Öffentlichkeitsarbeit erreicht werden soll und welche Ziele Vereine oder Unternehmen verfolgen, stellt sich nun die entscheidende Frage: *Wie* erreicht man die verschiedenen Zielgruppen, um die Intentionen des Vereines bzw. des Unternehmens durchzusetzen?

2.4 Instrumente und Methoden der Öffentlichkeitsarbeit

Bevor sich ein Unternehmen bzw. ein Verein für bestimmte Instrumente der Öffentlichkeitsarbeit entscheidet, müssen vorab wesentliche Punkte geklärt sein. Wie schon erläutert, müssen sowohl das Ziel als auch die Zielgruppe bestimmt werden. MitarbeiterInnen und Mitglieder sollten diese Ziele im besten Fall unterstützen – zumindest jedoch akzeptieren. Abschließend sollten auch finanzielle und personelle Belange geplant werden, um eine kontinuierliche PR garantieren zu können (vgl. Franck 2012: 194).

Sind all diese Entscheidungen getroffen, gibt es etliche Instrumente und Methoden, auf die ein Verein bzw. ein Unternehmen zurückgreifen kann. Die wesentlichen werden nun – in Anlehnung an die bereits erläuterten Zielgruppen – vorgestellt, wobei die Auflistung keinen Anspruch auf Vollständigkeit erhebt. Es kann sogar davon ausgegangen werden, dass PR umso erfolgreicher ist, desto kreativer, ungewöhnlicher und innovativer sie ist (vgl. Meyer 2007: 41). Vorweg sei festgehalten, dass das Medium der Online-Kommunikation für alle Teilöffentlichkeiten entscheidende Bedeutung hat und dementsprechend abschließend zielgruppenübergreifend behandelt wird.

2.4.1 Geeignete Instrumente für die interne Öffentlichkeit

Bogner (1999) hält fest: „Gute Öffentlichkeitsarbeit beginnt im eigenen Haus" (a.a.O.: 151). Er bezeichnet die eigenen MitarbeiterInnen und Mitglieder als „wichtigste ‚Öffentlichkeit'" (a.a.O., Herv. i. O.). Will eine Organisation seine MitarbeiterInnen und Mitglieder aktivieren, an sich binden und zur Mitarbeit motivieren, gilt das *Gespräch* sowohl als einfachste als auch als erfolgreichste PR-Methode (a.a.O.: 152). Oft greifen PR-Fachfrauen und -männer auch auf Rundbriefe und Mitgliederzeitungen, Einladungen, Sitzungen und Versammlungen und natürlich auf das Inter- und Intranet zurück (vgl. Franck 2012: 24).

Für Rundbriefe und Mitgliederzeitungen gilt, dass diese regelmäßig erscheinen sollen und die/den LeserIn informieren müssen – im optimalen Fall unabhängig von der Führung des Unternehmens bzw. des Vereines (vgl. Bogner 1999: 164). Entscheidend sind ein ansprechendes Layout mit gut eingesetzten Bildern und aussagekräftigen Titeln. Sollten die Kosten das Budget des Vereines bzw. des Unternehmens übersteigen, kann mittels (fachspezifischer) Anzeigen Abhilfe geschaffen werden (vgl. Franck 2012: 232ff.).

2.4.2 Geeignete Instrumente für die Fach-(politische) Öffentlichkeit

Die Fach-(politische) Öffentlichkeit erreichen Unternehmen und Vereine mittels Newsletter, Fachgesprächen und -beiträgen (vgl. Franck 2012: 24). E-Newsletter müssen hierbei zwei Hürden überwinden: zum Ersten müssen sie ankommen – sprich den Spamfilter passieren – und zum Zweiten müssen sie von den AdressatInnen auch geöffnet werden. Um dies zu erreichen, ist es wichtig, die Absender-Adresse seriös zu wählen, Anhänge im pdf-Format zu verschicken und die Betreffzeile interessant zu formulieren. Natürlich ist auch die Gestaltung des Newsletters entscheidend: das Logo des Unternehmens bzw. des Vereines soll gut sichtbar sein, der Umfang darf nicht abschrecken und auch die Abbestellfunktion muss klar erkennbar sein. Inhaltlich sollte ein E-Newsletter jene Informationen bieten, die für die LeserInnen relevant und ohne das Lesen des E-Newsletters nicht zugänglich wären (vgl. a.a.O.: 224ff.).

Bei Fachgesprächen und -vorträgen ist es wichtig, Themen zu wählen, die für die AdressatInnen relevant und interessant sind. Vorab soll ein Ziel formuliert werden, das durch den Vortrag bzw. das Gespräch erreicht werden soll. Die Informationsmenge muss klar abgesteckt und abgegrenzt werden, um wichtige Inhalte auf den Punkt bringen zu können. Eine abschließende Diskussion kann offengebliebene Fragen klären und den Informationsaustausch zwischen Vortrageder/Vortragendem und ZuhörerInnen anregen (vgl. a.a.O.: 153ff.)

2.4.3 Geeignete Instrumente für die Kern-Öffentlichkeit

Folder, Flyer, Plakate, Veranstaltungen und Ausstellungen/Informationsstände, aber auch Newsletter, Zeitungen und Rundbriefe sind geeignete Instrumente und Methoden, um die Kern-Öffentlichkeit zu erreichen (vgl. Franck 2012: 24). Für Newsletter, Zeitungen und Rundbriefe gelten die schon erläuterten Grundprinzipien.

Veranstaltungen sind von Organisationen geschaffene Anlässe, um sich der Kern-Öffentlichkeit zu präsentieren, „ins Gespräch zu kommen und im Gespräch zu bleiben" (a.a.O.: 45). In Kombination mit Aktionen – beispielsweise Nachwuchsförderung oder Benefizveranstaltungen – können Vereine bzw. Unternehmen ihre Reputation verbessern (vgl. a.a.O.: 46).

Die Gruppe der Folder, Flugblätter, Handzettel und Flyer bietet den Vorteil, eine große Zielgruppe sehr aktuell zu informieren und auf Veranstaltungen aufmerksam zu machen. Wichtig ist hierbei, dass ein Flyer nicht mit Reklame oder Werbung verwechselt werden kann. Das Layout und der Inhalt sollten auf das Wesentliche reduziert sein, die Zielgruppe muss die grundlegende Information auf den ersten Blick erkennen. Bei Foldern werden jene Informationen verbreitet, die über längere Zeit aktuell sind. Meist dient ein Folder der Selbstdarstellung eines Vereines oder eines Unternehmens und klärt die Kern-Öffentlichkeit über Ziele, Angebote und die Mitglieder bzw. MitarbeiterInnen auf (vgl. a.a.O.: 200ff.). Weinberger (2007) hebt die Stärken von Flyern hervor: sie sind kompakt, schnell, preiswert und können professionell gestaltet werden (vgl. a.a.O.: 13). Wichtig ist hierbei natürlich, dass die Zielgruppe des Flyers vorab bestimmt wird – und dementsprechend auch sowohl Ort als auch Art des Verteilens angepasst wird. Unterscheiden kann man beispielsweise zwischen einer Beilage in Zeitungen und Zeitschriften, Handouts in Fußgängerzonen oder auch das meist Aufsehen erregende ‚Ausstreuen' von einem Hochhaus (vgl. a.a.O.: 63).

Auch Plakate sind ein wirkungsvolles Mittel, um die Zielgruppe Kern-Öffentlichkeit zu erreichen. Franck ((2012) nennt die vielfältigen Einsatzmöglichkeiten: „Mit Plakaten können Sie informieren, einladen, zum Nachdenken anregen, provozieren, um Sympathie oder Zustimmung werben" (a.a.O.: 230). Für Plakate gilt hierbei dasselbe wie für die Folder: die ‚message' muss auf den ersten Blick klar erkenntlich sein – und gleichzeitig sollen die Plakate „ins Auge springen" (a.a.O.). Weiters muss auch bei Plakaten gut überlegt sein, welche Zielgruppe man ansprechen will. Dementsprechend muss der Ort des Plakates gut gewählt werden, um die entsprechende Zielgruppe zu erreichen (vgl. a.a.O.)

2.4.4 Geeignete Instrumente für die Medienöffentlichkeit

Die ersten AdressatInnen der Pressearbeit sind JournalistInnen. Die Kommunikation mit dieser Zielgruppe will jedoch gelernt sein, Pressemitteilungen und Pressekonferenzen bzw. -gespräche sind häufig gewählten Methoden. Eine Pressemitteilung bildet meist die

Grundlage für jene Nachrichten, die in Zeitungen zu lesen, im Radio zu hören oder im Fernsehen zu sehen sind. Entscheidend ist hierbei, dass der Informationsgehalt der Pressemitteilung möglichst hoch ist. Da sich ein Unternehmen bzw. ein Verein mit einer Pressemitteilung an RedakteurInnen wendet, muss in aller Kürze das Wesentliche auf den Punkt gebracht werden (vgl. Franck 2012: 131ff.): auf einer A4-Seite soll nach Franck (2012: 131) alles zusammengefasst werden, Bogner (1999) legt zwei A4-Seiten als Maximum fest (a.a.O.:231). Als Leitfaden richten sich PR-Fachfrauen und -männer an sechs W-Fragen, die innerhalb einer Pressemitteilung beantwortet werden sollen: *wer, was, wann, wo, wie* und *warum* (vgl. Franck 2012: 87). Sind diese Frage nicht ausreichend beantwortet, bedeutet die Pressemitteilung mehr Arbeit für die RedakteurInnen – und landet meist im Papierkorb. Die Überschrift muss kurz, informativ und interessant sein (vgl. a.a.O.: 138). Fügt man der Pressemitteilung Bilder hinzu, müssen diese bereits in druckbarer Qualität sein (vgl. a.a.O.).

Pressekonferenzen und Pressegespräche sind die Methode der Wahl, wenn ein Verein bzw. ein Unternehmen beispielsweise einen neuen Vorstand bekannt machen, ein neues Konzept vorstellen oder auf Berichte und Gerüchte reagieren möchte. Auch bei Kommentaren zu aktuellen politischen Entwicklungen ist eine Pressekonferenz angebracht. Wichtig ist, dass Pressekonferenzen als ‚besonderer' Anlass gewertet werden. Eine gute Vorbereitung, Organisation, Durchführung und auch Nachbereitung sind essentiell (vgl. a.a.O.: 154).

Entscheidet sich ein Unternehmen bzw. ein Verein dazu, sich direkt an die allgemeine Öffentlichkeit zu wenden, greifen PR-Fachleute oft auf Leserbriefe, offene Briefe und Gastkommentare zurück. Bei Briefen und Kommentaren stehen eine schlüssige Argumentation und Begründung im Vordergrund. Das Ziel des Briefes bzw. des Kommentars darf nicht aus den Augen verloren werden (vgl. a.a.O.:103).

Eine Sonderform der direkten Pressearbeit stellt die Stellenausschreibung dar: eine weitere Möglichkeit zur Selbstdarstellung des Vereines bzw. des Unternehmens (vgl. a.a.O.: 199).

2.4.5 EXKURS Online Kommunikation

Das Internet erschließt Organisation viele Möglichkeiten, effiziente Öffentlichkeitsarbeit zu leisten. Alle oben genannten Zielgruppen können individuell und vielfältig erreicht werden. Aufgrund der Etablierung des Internets als Massenmedium, ist die Online-Kommunikation mittlerweile eine der bedeutendsten PR-Maßnahmen überhaupt (vgl. Freyer 2010: 65). Aktuelle Studien aus Deutschland berechnen die Reichweite des Internets im mitteleuropäischen Raum mit 58 bis zu 72 Prozent aller Haushalte vgl. (a.a.O.:66). Wohlfahrt (2009) postuliert, dass in baldiger Zukunft „wohl kein Unternehmen ohne entsprechende Aktivitäten [Online-Kommunikation, Anm. P.W.] auskommen wird". (a.a.O.: 1).

Allerdings müssen PR-Fachfrauen und -männer bei der Online-Kommunikation einige Unterschiede in der Vorgehensweise zur klassischen PR beachten. Aufgrund der ständigen

Verfügbarkeit steht die Aktualität an oberster Stelle (vgl. Freyer 2010: 65). Dies bedeutet natürlich auch immer einen relativ großen Arbeitsaufwand – und damit verbundenen manchmal hohe Kosten (vgl. Wohlfahrt 2009, 1). Weiters müssen die Nutzungsgewohnheiten der so genannten ‚userInnen' der Organisation bekannt sein, da diese/r selbst über Zeitpunkt und Quantität der Nutzung bestimmt (vgl. Freyer 2010: 65.). Geht eine Organisation nicht ausreichend auf die Gewohnheiten der Zielgruppe ein, besteht die Gefahr der Streuverluste: Mittels Online-Kommunikation erreicht man nicht nur die erwünschte Zielgruppe, sondern eventuell auch all jene, die nicht der primären Zielgruppe angehören (vgl. Sauvant 2002: 208). Die weltweite Nutzbarkeit des Internet verpflichtet PR-Fachleute außerdem dazu, sich auch über Kultur und Sprache der Zielgruppe auseinanderzusetzen und den Web-Auftritt daran anzupassen. Freyer (2010: 67) beschreibt ein „weiteres bedeutendes Merkmal des Internets": die Interaktivität. Hierzu erläutert sie weiter:

> „Diese ‚Wechselseitigkeit' bezieht sich sowohl auf die technische als auch auf die persönliche Ebene. Ersteres meint die grundlegende Struktur des Netzes hinsichtlich der Navigation und die Zusammenstellung des Angebots durch den Nutzer. Er bestimmt Art, Inhalt, Zeitpunkt, Dauer und Häufigkeit des Informationsabrufs. Damit ist das Internet ein ‚Pull'-Medium, d.h. der Nutzer fordert die gewünschte Information selbst an. [.....] Interaktivität einer Internetseite bedeutet aber auch, dass der Nutzer Informationen hinzufügen kann, zum Beispiel in einem Gästebuch, (....), E-Mails, Chats, Newsgroups, Blogs, etc." (a.a.O.).

Eine entscheidende Gemeinsamkeit von Online-Kommunikation und klassischer PR ist die Festlegung konkreter Ziele und die Abstimmung der verschiedenen Kommunikationsinstrumente: on- und offline PR sollten Hand in Hand gehen (vgl. a.a.O.: 68). Nach einer Analyse, in der Ressourcen erfasst, eine Problemstellung erarbeitet und die Zielgruppe – auch hinsichtlich Alter, Interessen und Mediennutzung – bestimmt werden soll, folgt die strategische Planung des Web-Auftritts (a.a.O.: 69). Freyer (2010) definiert sechs Hauptziele, die mittels Online-Kommunikation erreicht werden können (vgl. a.a.O.:71):

- Das Ansprechen neuer Zielgruppen und das Erhöhen des Bekanntheitsgrades
- Die Verbesserung bzw. Veränderung des Images eines Unternehmens/eines Vereines
- Der Verkauf von Produkten oder Dienstleistungen
- Die Verbesserung der Kommunikation mit KundInnen, KlientInnen, MitarbeiterInnen und Mitgliedern
- SpenderInnen ansprechen
- JournalistInnen und Interessenten mit Information versorgen

Hat ein Unternehmen bzw. ein Verein sowohl Zielgruppe als auch Ziel festgelegt, folgt die konkrete Umsetzung des Online-Projektes – je nach Etat durch MitarbeiterInnen der Organisation selbst oder in Zusammenarbeit mit einer professionellen Internet-Firma (vgl. a.a.O.: 73). Hierbei kann eine Website verschiedene Inhalte anbieten: das Bereitstellen von Informationen und Serviceangeboten, aber auch Interaktion und Unterhaltung können im Zentrum der Umsetzung einer gelungenen Homepage stehen (vgl. a.a.O.: 76f.).

Ein weiterer wichtiger Arbeitsschritt bei erfolgreicher Online-Kommunikation ist die Evaluation eben dieser. Da Online-Kommunikation sehr dynamisch ist, kommt der Evaluation eine bedeutende Rolle zu: Änderungswünsche und -vorschläge sind schnell umsetzbar und integrierbar (vgl. a.a.O.: 75). Eine der effizientesten und gleichzeitig auch einfachsten Methoden der Evaluation von Online-Kommunikation ist das Zählen von BesucherInnenzahlen auf einer Homepage. Des Weiteren kann man auf Online-Befragungen und „Usability-Messungen mit Testpersonen" (a.a.O.) zurückgreifen, bei denen nicht nur die Anzahl der BesucherInnen, sondern auch deren Zufriedenheit erforscht werden. Ist das Ergebnis der Messung der Besucherraten nicht zufriedenstellend, kann der Verein bzw. das Unternehmen mittels Suchmaschinenoptimierung oder Verlinkung mit anderen Homepages versuchen, die eigene Website bekannter zu machen (vgl. a.a.O.: 85).

Wohlfahrt (2009) fasst die Vor- und Nachteile der Online-PR zusammen: Die Schnelligkeit, Aktualität und Multimedialität stehen einem relativ hohen Arbeitsaufwand und Schwierigkeiten bei der Umsetzung gegenüber. Die Kosten-Nutzen-Frage lässt sich hingegen nicht klar zuordnen, da Online-PR sowohl mit geringen finanziellen Mitteln betrieben werden, jedoch auch schnell zur Kostenfalle werden kann (vgl. a.a.O.: 1).

Besonders in der PR von Verbänden spielt die Online-Kommunikation eine wesentliche Rolle. Im folgenden Kapitel soll deshalb in Hinblick auf die Österreichische Gesellschaft für Osteopathie speziell auf die Öffentlichkeitsarbeit von Verbänden eingegangen werden.

2.5 Öffentlichkeitsarbeit von Verbänden

Die Motivation von Verbänden, Öffentlichkeitsarbeit zu betreiben, unterscheidet sich weitgehend nicht von jener von Unternehmen und Firmen: „Konkurrenz, Kritik und Professionalisierung" (Brömmling 2010a, 16). Bogner (1999) sieht auch keine Differenzen in den *Grundsätzen* und *Instrumenten* der PR von Verbänden und Unternehmen (vgl. a.a.O.: 312). Brömmling (2010d) rät Verbänden, Stiftungen, Gemeinden und anderen gemeinnützigen Institutionen, sich selbst als Marke zu präsentieren und auf Unverwechselbarkeit zu achten, um den eigenen wirtschaftlichen Marktwert zu steigern (vgl. a.a.O.: 169f.). Dieses Umdenken birgt laut Brömmling (2010d) den weiteren positiven Effekt, dass sich der Verband intensiv mit dem eigenen Selbstverständnis und der konkreten

Zielsetzung auseinandersetzen muss: „Dieser Prozess kann äußerst gemeinschaftsstiftend sein und trägt dazu bei, dass nicht nur der Verein als Marke in der Öffentlichkeit wahrgenommen wird, sondern auch intern eine klarere Definition erfährt" (a.a.O.: 171).

Einen wesentlichen Unterschied findet man jedoch hinsichtlich der Professionalität in der Öffentlichkeitsarbeit: während Unternehmen und Firmen Fachpersonal engagieren und meist ein großes Budget für PR zu Verfügung stellen können, übernehmen in Vereinen oft nicht – ausgebildete Freiwillige oder ehrenamtliche MitarbeiterInnen die Aufgaben der PR-Fachleute (vgl. Brömmling 2010a.: 17). In der Österreichischen Gesellschaft für Osteopathie handelt es sich bei den PR-Beauftragten um nicht-fachspezifisch ausgebildete, ehrenamtliche MitarbeiterInnen. Auf den besonderen Stellwert ehrenamtlicher MitarbeiterInnen in Vereinen wird im kommenden Kapitel eingegangen.

2.5.1 Ehrenamtliche MitarbeiterInnen

Mayerhofer (2001) schreibt ehrenamtlichen MitarbeiterInnen einen besonderen Stellenwert – speziell für Non-Profit-Organisationen (NPOs) – zu. Einerseits sind die Organisationen stark von der Mithilfe der ehrenamtlichen MitarbeiterInnen abhängig, andererseits stellt das Engagement und auch das Aufrechterhalten der Mithilfe dieser MitarbeiterInnen die Organisation oft vor große Herausforderungen (vgl. a.a.O.: 263). Eckardstein und Mayerhofer (2001) erläutern hierzu näher: „Angesichts des Kosten- und Qualitätsdrucks, dem NPOs oftmals im Wettbewerb gegeneinander bzw. gegenüber gewinnorientierten und staatlichen Organisationen unterliegen, findet die Frage nach den Möglichkeiten, den Einsatz ehrenamtlicher Kräfte produktiver zu gestalten, zunehmend Aufmerksamkeit" (a.a.O.: 225). Mayerhofer (2001) ergänzt hierzu weiter: „Doch diese Menschen stehen einer Organisation i.d.R. auch kritischer gegenüber, da sie über die Wahlfreiheit verfügen, für welchen Zweck und in welcher Form sie tätig sein möchten" (a.a.O.). Als ehrenamtlich tätig gilt hierbei einE MitarbeiterIn, die/der ohne finanzielle Entschädigung und aus eigenem Antrieb im Sinne einer Organisation tätig ist (vgl. a.a.O.: 265).

Zusammenfassend lässt sich somit sagen, dass Öffentlichkeitsarbeit je nach Zielgruppe vielfältige Ziele verfolgen kann. Die wesentlichsten seien hier abschließend nochmals – gemeinsam mit möglichen Methoden – zusammengefasst:

Teilöffent-lichkeit	Angehörige	Kommunika-tionsziele	Mittel und Medien
Interne Öffentlich-keit	Mitglieder, Mitarbeiterinnen und Mitarbeiter, Vorstand, Beirat, Zivildienstleistende, Honorarkräfte, regelmäßige Spenderinnen und Spender	Motivation Bindung Aktivierung	Einladungen, Protokolle, Mitgliederzeitung, Rundbriefe, E-Mail, Internet, Intranet, Jahresberichte, Rechenschaftsberichte, Sitzungen, Mitgliederversammlungen, Arbeitsbesprechungen
Fach- (politische) Öffentlich-keit	Abgeordnete, Parteien, Parlamente, Verwaltungen, Ausschüsse, Medien, Institute, Wissenschaftler, Lehrerinnen, (Fach-)Verbände	Reputation Profil Unterstützung	Veranstaltungen, Fachbeiträge, Anhörungen, Stellungnahmen, Berichte, Anträge, Briefe, Newsletter, Internet, informelle und Fachgespräche, Verhandlungen
„Kern"-Öffentlich-keit	Engagierte und Interessierte, Betroffene, Spender und Spender, Patienten, Klientinnen, Angehörige, Initiativen und Vereine mit ähnlichen Zielen, sympathisierende Politiker	Reputation Profil Vertrauen Bindung Aktivierung	Veranstaltungen, Faltblätter, Plakate, Anzeigen, Internet, Newsletter, Ausstellungen, Informationsstände, Zeitung, (Rund-)Briefe, Arbeitsgruppen, Aktionen, Telefon
Medien-Öffentlich-keit	Journalisten, Leser, Hörerinnen, Zuschauer („allgemeine" Öffentlichkeit)	Öffentliche Wahrnehmung Sympathie	Pressemitteilungen, Pressekonferenzen, Artikel, Internet, Leserbriefe, Aktionen, Veranstaltungen,

Abbildung 3 zeigt Zielgruppen, Ziele und passende Instrumente zur Durchführung (Franck 2012: 24)

3 PR-Evaluation

Das folgende Kapitel beschäftigt sich mit einem wichtigen Bestandteil der Öffentlichkeitsarbeit: der PR-Evaluation. Nach einer Definition des Begriffes ‚PR-Evaluation' folgt eine Vorstellung verschiedenster Modelle dieser Technik. Eine Auflistung von Pro und Contra für die Bewertung der Öffentlichkeitsarbeit steht im Zentrum des darauf folgenden Abschnittes, um abschließend einen kurzen Ausblick auf das Modell der integrierte PR-Evaluation nach Besson zu geben, das in Kapitel fünf genauer beschrieben wird.

3.1 Definition der PR-Evaluation

Da der Begriff ‚Evaluation' in unserem Sprachgebrauch nicht klar definiert ist (vgl. Wottawa und Thierau 1998: 14), werden zu Beginn in Anlehnung an Wottawa und Thierau (1998) einige Merkmale der Evaluation herausgearbeitet:

> „Ein allgemeiner Konsens, der hier auch schon durch die Wortwurzel von ‚Evaluation' vorgezeichnet ist, liegt darin, dass alle solche Tätigkeiten etwas mit ‚Bewerten' zu tun haben. Evaluation dient als Planungs- und Entscheidungshilfe und hat somit etwas mit der Bewertung von Handlungsalternativen zu tun. Evaluation ist ziel- und zweckorientiert. Sie hat primär das Ziel, praktische Maßnahmen zu überprüfen, zu verbessern oder über sie zu entscheiden" (a.a.O.).

Des Weiteren betonen Wottawa und Thierau (1998) die Wichtigkeit, Evaluationsmaßnahmen dem aktuellen Forschungsstand anzupassen (vgl. a.a.O.).

Zusammenfassend lässt sich somit festhalten, dass ‚Evaluation' eng mit Be*werten* verbunden ist. Besson (2004) beschreibt hierzu eines der Hauptprobleme der PR-Evaluation:

> „… einem Ausprägungsgrad wird ein Wert zugewiesen. Ein Wert setzt einen Maßstab voraus, mit dem der Ausprägungsgrad verglichen wird. Dieser Maßstab stellt das Hauptproblem in Theorie und Praxis der PR-Evaluation dar. Es gilt, den Wert von Beziehungen und von einem positiven Meinungsklima zu ermitteln, da dies die definierten Ziele der PR sind" (a.a.O.: 28).

Um dieses Problem zu umgehen, schlagen Rossi und Freeman (1999) vor, nicht nur das Ergebnis der Öffentlichkeitsarbeit zu bewerten, sondern den gesamten Prozess – die Ausgangssituation des Unternehmens bzw. des Vereines muss ebenso in die Evaluation mit einfließen wie die Planung, Durchführung und das Erreichen der gesteckten Ziele (vgl. a.a.O.: 4). Auf weitere Probleme der PR-Evaluation wird in Kapitel 3.3 näher eingegangen.

Als Ziel der PR-Evaluation lässt sich die „Optimierung der Public Relations durch die praktische Kontrolle der Planung und Durchführung und des Ergebnisses der PR-Kampagne" (Besson 2004: 28) festlegen.

Diese Arbeit orientiert sich in der Definition der PR-Evaluation an Besson (2004) und beschreibt die PR-Evaluation somit als „kontinuierliche Erfassung, Bewertung und Kontrolle des PR-Prozesses" (a.a.O.: 29).

Diese Erfassung, Bewertung und Kontrolle kann auf verschiedene Art erfolgen. Im kommenden Kapitel werden dementsprechend einige Modelle der PR-Evaluation vorgestellt.

3.2 Verschiedene Methoden der PR-Evaluation

In der Literatur lassen sich verschiedenste Modelle der PR-Evaluation finden, die sich gegenseitig oft ergänzen und überschneiden (vgl. Besson 2004: 34). Eine kurze Darstellung der wichtigsten Modelle soll in Hinblick auf die gewählte Methode des Modells der integrierten PR-Evaluation einen ersten Überblick vermitteln.

Eines der umfangreichsten und auch bekanntesten Modelle entwickelten die US-Amerikaner Cutlip, Center und Broom (1994) 1954. Die Autoren stellten zehn Grundschritte auf, die als Vorbereitung einer PR-Evaluation dienen sollen. Zu Beginn muss die konkrete Absicht der PR-Evaluation festgelegt werden, um sicherzustellen, dass relevante Daten erhoben werden. In einem zweiten Schritt muss man sich laut Cutlip, Center und Broom (1994) die Unterstützung und die Akzeptanz des Unternehmens bzw. des Vereines sichern, deren PR evaluiert werden soll. Weiters muss auch die betroffene Abteilung ihre Zustimmung geben. Das Festlegen messbarer Ziele und valider Werte, die diesen definierten Zielen entsprechen, folgt in den Schritten vier und fünf. Auch die Wahl der passenden Datenerhebungsmethode ist für eine erfolgreiche PR-Evaluation grundlegend. Cutlip, Center und Broom (1994) betonen in Schritt sieben die Wichtigkeit, alle Prozesse des PR-Programms zu dokumentieren und diese in einem achten Schritt für eine Optimierung zukünftiger PR-Programme zu nutzen. In den Schritten neun und zehn werden die Ergebnisse der PR-Evaluation zum einen dem Management bzw. der Führung der Organisation und zum anderen der Öffentlichkeit zugänglich gemacht (vgl. a.a.O.:412). Diese Grundsätze besitzen auch heute noch Aktualität und stellen laut Besson (2004) „den bis heute umfassendsten Evaluationsansatz dar, der von Theoretikern aufgestellt wurde" (a.a.O.: 36). Cutlip, Center und Broom (1994) fassen die zehn Grundschritte in sieben Rubriken zusammen: Strategie (Punkt 1 und 4 – Definieren von Absicht und Zielen), Integration (Punkt 2 und 3 – Akzeptanz des Unternehmens und der Abteilung), Flexibilität (Punkt 5 und 6 – Festlegen von Indikatoren und Datenerhebungsmethode), Ergebniskontrolle und -verwendung (Punkt 8) und Publizität der Ergebnisse (Punkt 9 und 10 – Mitteilung an das Unternehmen und die Öffentlichkeit). Die Evaluation unterteilen Cutlip, Center und Broom (1994) in drei Stufen: „Preparation, Implementation und Impact" (a.a.O.: 414). Die ‚Preparation' stellt hierbei eine „rückwirkende Qualitätskontrolle der PR-Konzeption und des PR-Programms" (Besson 2004: 37) dar. Mittels Inhaltsanalyse soll in dieser Phase festgestellt werden, ob die gesetzten

Maßnahmen den vorab definierten Zielen entsprachen (vgl. a.a.O.: 38). Während der Phase der ‚Implementation' wird der „direkte Effekt der Kampagne" (a.a.O.) kontrolliert, jedoch nur jener kurzfristiger Ziele. Weiters wird untersucht, inwieweit sich die tatsächlich erreichte Zielgruppe vom „potenziellen Gesamtpublikum" (a.a.O.) unterscheidet. Die Methoden der Implementationsphase sind beispielsweise die „Kontrolle des Presseverteilers, die Medienresonanzanalyse (qualitativ und quantitativ), die Erfassung der Reichweiten (Auflagezahlen, Einschaltquoten) und die Zuschauer-/Leserumfrage" (a.a.O.). Die Kontrolle langfristiger Wirkungen steht im Zentrum der dritten Stufe ‚Impact'. Hier wird evaluiert, ob die PR-Maßnahmen zu Meinungs-, Einstellungs- oder auch Verhaltensänderungen der Zielgruppe geführt hat. Je nach definiertem Ziel kann die Überprüfung mittels Befragungen, Vorher-Nachher-Tests oder dem Ergebnis einer Wahl stattfinden (vgl. a.a.O.: 39).

Wie bereits erwähnt, spricht Besson (2004) sowohl den von Cutlip, Center und Broom aufgestellten Grundsätzen als auch dem gesamten Evaluationsmodell eine hohe Aktualität und Komplexität zu, äußert jedoch auch die Kritik, dass die Evaluation ausschließlich *rückwirkend* betrieben wird: „die Situationsanalyse wird nach der Durchführung des Programms bewertet, nicht vorher. (…) Es findet keine begleitende Evaluation der Durchführung statt" (a.a.O.: 40).

Grunig und Hunt entwickelten 1984 ein Modell der PR-Evaluation und integrierten als erste die Evaluation als „festen Bestandteil" (Besson 2004: 40) der PR. Aufbauend auf der allgemeinen Verhaltenstheorie nach Kuhn versuchen Grunig und Hunt (1984) in sieben Schritten Öffentlichkeitsarbeit zu beurteilen (vgl. a.a.O.: 106). In einem ersten Schritt finden eine Situationsanalyse und Problemfindung statt (‚detect'). Darauf folgt in Phase zwei eine Ziel- und Zielgruppenbestimmung (‚construct'). Im dritten Segment (‚define') werden mögliche Methoden und deren Kosten formuliert, um zuerst in Schritt vier (‚select') die optimale Taktik auszuwählen und diese Entscheidung in Phase fünf zu überprüfen (‚confirm'). Segment sechs (‚behave') konzentriert sich auf die Durchführung der ausgewählten Methode. Im siebten Schritt (erneut ‚detect') schließt sich in einer Überprüfung der Ergebnisse und einem anschließenden Vergleich mit den Zielformulierungen der Kreis (vgl. a.a.O.: 106f.). Natürlich fordern die Autoren bei einem nicht zufriedenstellenden Ergebnis des Vergleichs sowohl eine erneute Situationsanalyse als auch eine Veränderung der gewählten Methoden (vgl. Besson 2004: 41).

Besson (2004) sieht dieses sogenannte ‚behavioral molecule'-Model von Grunig und Hunt jedoch eher als Vorstufe zu einem Evaluationsprogramm denn als tatsächliches Programm, da es zwar „den PR-Prozess als Managementprozess mit inhärenter Analyse" (a.a.O.: 42) beschreibt, allerdings „kein spezifisches PR-Evaluationsmodell" (a.a.O.) ist.

In Großbritannien setzte sich Watson mit PR-Evaluation auseinander und entwickelte Ende des 20. Jahrhunderts ein einfaches und ein dynamisches Modell, um den verschiedenen Anforderungen an die PR-Evaluation gerecht zu werden (vgl. Watson 1997: 46ff.). Die einfache Version beschränkt sich hierbei auf das „Ziel der Information und Publizität" (Besson 2004: 50) mittels Medienresonanz- oder Reichweitenanalyse. Besson (2004) erläutert: „Die Evaluation besteht aus der einfachen Bedeutung, ob die Aktion erfolgreich war oder nicht" (a.a.O.). Das dynamische Modell umfasst die Schritte der Situationsanalyse, Zielsetzung und Bestimmung der Erfolgserwartung. Die Ergebnisse der Evaluation fließen direkt in das PR-Projekt ein und tragen so zu einer laufenden Optimierung des Prozesses bei (vgl. Watson 1997: 47ff.). 1999 stellte Watson gemeinsam mit seinem Kollegen Noble erneut ein Modell zur PR-Evaluation vor. Die beiden Autoren versuchen, einige Modelle der PR-Evaluation zu kombinieren und dadurch zu optimieren (Noble und Watson 1999: 18). Die folgende Abbildung zeigt das von Watson und Noble gewählte Stufenmodell:

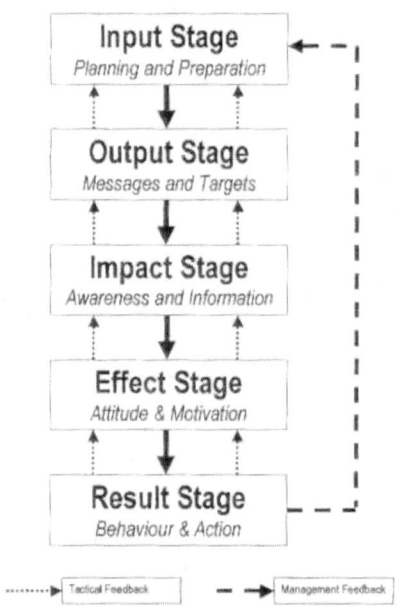

Abbildung 4: Unified Evaluation Modell (Noble und Watson, 1999)

Nach eigener Aussage sehen die Autoren selbst jedoch Schwierigkeiten hinsichtlich der Impact- und Effect-Stufe, da die Daten schwer zu erfassen und zu kontrollieren sind (vgl. a.a.O.: 23).

Besson (2004) vergleicht einige PR-Evaluationsmodelle miteinander – auch die hier vorgestellten. In einer übersichtlichen Abbildung zeigt sie Unterschiede und Gemeinsamkeiten:

		Grunig & Hunt (1984)	Cutlip, Center und Broom (1954-94)	Macnamara (1992)	Lindenmann (1993)	IPRA (1994)	IPR (1997)	Fairchild (1997)	Watson Short term and Continuing (1997)	Noble und Watson (1999)
STRATEGIE			X		X	X				
FLEXIBILITÄT		X	X		X	X			X	X
INTEGRATION			X							
KONTINUITÄT	Planungsphase		DETECT / CONSTRUCT / DEFINE	PREPARATION	INPUT		INPUT	X	X	INPUT
	Durchführung		BEHAVE	X					X	
	Aktivitäten			IMPLEMENTATION	OUTPUT	OUTPUT	OUTPUT	OUTPUT	OUTPUT	OUTPUT
	kurzfristige Wirkungen – Publizität									
	Aufmerksamkeit					OUTGROWTH			OUT-TAKE	IMPACT
	Wahrnehmung									
	langfristige Wirkungen – Wissen						OUTCOME			
	Meinung			IMPACT	RESULT	OUTCOME	OUTCOME		OUTCOME	EFFECT
	Emotionen									
	Verhalten									RESULT
	Sozialer Wandel									
ERGEBNISKONTROLLE		DETECT	X			OUTCOME		RESULT	X	X
PUBLIZITÄT		X	X							
FEEDBACK	kontinuierlich		X					X		X
	abschließend		X			X		X	X	X

X = gefordert, aber nicht im Modell integriert

Abbildung 5: Vergleich verschiedener Modelle der PR-Evaluation (Besson 2004: 54)

Treffend beschreibt sie:

„Kein Modell erfasst sämtliche Evaluationsstufen optimal und weist gleichzeitig alle Funktionalitäten auf, die wünschenswert sind für ein Modell der PR-Evaluation. Vor allem die Qualitätskriterien ‚Strategie', ‚Integration' und ‚Publizität' werden von den meisten Modellen nicht berücksichtigt" (a.a.O.: 55).

Auf diese und weitere Probleme und Schwierigkeiten wird im nun folgenden Kapitel näher eingegangen.

3.3 Pro und Contra der PR-Evaluation

Es gibt zahlreiche Gründe, die für – aber auch gegen PR-Evaluation sprechen. Diese Argumente gegen die Evaluation wirken auf verschiedenen Ebenen, die sich gegenseitig beeinflussen, und stehen in diesem Abschnitt zu Beginn im Zentrum der Überlegungen. Meist scheitert es sowohl am „Fehlen eines anerkannten Regelwerks" (Besson 2004: 57) als auch am „Unwissen über Evaluationsmethoden" (a.a.O.). Bruhn (1995) erläutert hierzu: „Aus mangelndem Wissen bzw. Ignoranz wird versucht, um die Effizienz der Kommunikation einen Mantel der Verschleierung zu legen" (a.a.O.: 256). Besson (2004) nennt folgende Ebenen, auf denen die Gegenargumente wirken: „individuelle Hindernisse, organisatorische Engpässe und systemimmanente Schwierigkeiten" (a.a.O.: 57).

Auf der individuellen Ebene werden meist Zweifel am Sinn der PR-Evaluation, Vorurteile gegen empirische Wissenschaft und Bedenken zur Messbarkeit der PR als Argumente gegen PR-Evaluation genannt. Burkart und Stalzer (2002) stießen in einer Befragung von PR-Fachleuten weiters oft auf die Meinung, ein gutes PR-Konzept brauche keine Evaluation (vgl. a.a.O.: 17). Besson (2004) beschreibt all diese Einwände als meist sehr festgefahren, da sie „gefestigte und zum Teil irrationale Einstellungen darstellen" (a.a.O.: 58). Nur „mit intensiver, langfristiger Aufklärung, Schulung und öffentlicher Diskussion von Ergebnissen" (a.a.O.: 59) können nach Meinung der Autorin diese Vorurteile beseitigt werden. Da PR-Fachleute selbst oft nicht ausreichend hinsichtlich PR-Evaluation geschult sind, können Kompetenzdefizite ein weiteres Argument auf der individuellen Ebene gegen die Evaluation darstellen. Mittels fachlichen Schulungen und Aufklärung kann bei diesem Problem jedoch leicht Abhilfe geschaffen werden (vgl. a.a.O.).

Auf der organisatorischen Ebene werden – wie sich bereits erahnen lässt – in erster Linie Zeit-, Geld und auch Personalmangel als Argumente gegen PR-Evaluation genannt (vgl. Baerns 1995: 16 und Klewes 1994: 8). Diese Hindernisse stehen in engem Zusammenhang mit jenen der individuellen Ebene: solange keine Bereitschaft und Einsicht zu PR-Evaluation besteht, werden weder Geld-, noch Zeit- oder Personalressourcen zu Verfügung gestellt (vgl. Broom und Dozier 1990: 112).

Auf der Systemebene nennt Besson (2004) „Kausalitäts- und Wertbestimmung" (a.a.O.: 61) als schwerwiegendste Argumente gegen PR-Evaluation. Das Kausalitätsproblem bezeichnet hierbei die schwierige Zuordnung von Ursache und Wirkung. Zwar kann die Wechselwirkung zwischen beispielsweise ‚ausgesandte Pressemitteilungen' und ‚veröffentlichte Medienberichte' gemessen werden – der direkte Beweis ist jedoch problematisch, speziell bei langfristig angestrebten Wirkungen. Das Problem der Wertbestimmung liegt darin, dass Werte der PR – wie beispielsweise das Verhindern von Krisen oder Streiks oder eine Verbesserung des Images – schwer zu beurteilen sind (vgl. a.a.O.: 63).

Nach dieser Auflistung von Argumenten gegen PR-Evaluation stellt sich nun die Frage, weshalb Unternehmen bzw. Vereine Zeit und Kosten aufbringen sollen, um trotzdem eine Evaluation ihrer PR-Projekte vorzunehmen oder vornehmen zu lassen.

Auch die Argumente für PR-Evaluation werden in drei verschiedenen Ebenen gegliedert: die individualpsychologische, die organisatorische und die PR-Systemstufe (vgl. Besson 2004: 56). Natürlich ist die gegenseitige Wechselwirkung zwischen diesen Ebenen auch bei den Argumenten für PR-Evaluation gegeben (vgl. a.a.O.).

Auf der individualpsychologischen Ebene stehen das Nachweisen von qualitativ hochwertiger Arbeit durch die PR-Fachleute, deren Vermarktung für mögliche Kunden und auch die persönliche Zufriedenheit der PR-Fachfrauen und -männer selbst im Zentrum (vgl. a.a.O.).

Mit der organisatorischen Ebene beschäftigten sich etliche Autoren: Brauer (1993), Klewes und Femers (1995), Bentele (1997), Fairchild (1997), Bogner (1999), Burkart und Stalzer (2002) und auch Besson (2004) nennen hier in erster Linie praktische Gründe. Durch aktuelle Wirtschaftsentwicklungen und den zunehmenden Konkurrenzdruck müssen Unternehmen und Vereine vermehrt auf die Effizienz ihrer PR-Projekte achten und Fehlinvestitionen vermeiden. Besson (2004) nennt dies „ökonomischer Rechtfertigungsdruck" (a.a.O.: 56). Weiters kann die PR-Evaluation dazu dienen, die Position der Öffentlichkeitsarbeit in Unternehmen und Vereine zu festigen und ihr Ansehen zu erhöhen (vgl. a.a.O.).

Auf der PR-Systemebene stehen die Professionalisierung der Öffentlichkeitsarbeit, die qualitative Verbesserung und die „Unterstützung der PR-Theoriebildung" (a.a.O.) im Zentrum (vgl. Broom und Dozier 1990: 6ff.; Cutlip, Center und Broom 1994: 319; Reineke und Eisele 2000: 39ff.). Vor allem der Management-Anspruch der Öffentlichkeitsarbeit verpflichtet PR zu präziser und systematischer Arbeit und Evaluation (vgl. Besson 2004: 56f.). Cutlip, Center und Broom (1994) erläutern hierzu: „Analyse und Evaluation qualifizieren Public Relation erst als Managementfunktion. Sie erleichtern den Umgang mit kommunikativen Problemen, indem sie die Problemsituation darstellen und Lösungsmöglichkeiten aufzeigen" (a.a.O.: 319).

Diese Argumente für PR-Evaluation stehen nun jenen gegenüber, die zu Beginn des Kapitels erläutert wurden und gegen die Evaluation sprechen. Baerns (1995) sah Ende des 20. Jahrhunderts die Argumente gegen PR-Evaluation klar im Vorteil. Obwohl die Evaluation meist als notwendig anerkannt wurde, befassten sich nur wenige Organisationen und PR-Fachleute konkret damit: „Es wird viel darüber geredet, aber wenig getan" (a.a.O.: 15). Ein Grund hierfür lag darin, dass sich seit Ende der 1990er im Bereich der PR-Evaluation nur wenig weiterentwickelt hat (vgl. Klewes 1999). Besson (2004) beschreibt treffend: „Es fehlen die Ressourcen und die Instrumente" (a.a.O.: 69).

Heute sieht Besson (2004) das Verhältnis von pro und contra als ausgeglichen (vgl. a.a.O.: 65) und stellt die Argumente in einer Abbildung einander gegenüber:

EBENE	CONTRA	PRO
Individuum	• Kompetenzmangel, fehlendes professionelles Verständnis, Furcht vor schlechten Ergebnissen	• Zufriedenheit, Selbstbewusstsein, Stolz
Organisation	• Geld-, Personal- und Zeitmangel	• Rechtfertigung des Budgets und organisatorischer Unabhängigkeit, Erfahrungswerte Planungsgrundlage
PR-System	• Schwierige Materie, wenig gemeinsame theoretische Basis, Kausalitätsproblematik	• Professionalisierung der PR, Managementfunktion, Theoriebildung

Abbildung 6: Pro und Contra der PR-Evaluation (Besson 2004: 66)

Abschließend lässt sich zusammenfassen, dass vorwiegend wirtschaftliche Gründe gegen, aber auch für die PR-Evaluation sprechen. Auf dem Weg der Professionalisierung muss man sie jedoch in jedem Fall als unabdinglich ansehen. Aufgrund der zahlreichen Modelle der PR-Evaluation herrscht oft Verwirrung und Unklarheit. Ein „einheitliches Modell mit anerkannten Definitionen" (a.a.O.: 72) kann hier Abhilfe schaffen. Diesem einheitlichen Modell ist das nun folgende Kapitel gewidmet.

3.4 Das integrierte PR-Evaluations-Modell

Wie in Kapitel 3.2 aufgezeigt, gibt es etliche Modelle, von denen jedoch keines „alle Aspekte der PR-Evaluation optimal erfasst" (Besson 2004: 74). Besson versucht, in ihrem „Integrierten PR-Evaluationsmodell" (a.a.O.: 79) ein Modell zu konstruieren, dass jedem PR-Konzept gerecht wird. Aufgrund der Komplexität und auch Flexibilität dieses Modelles fiel die Entscheidung für diese Evaluation auf das von Besson erarbeitete Modell.

Nach der Erstellung eines Evaluationsplans, in dem die verschiedenen Evaluationsstufen, die Zielgruppe und Ziele und auch die Verwendung der Ergebnisse festgelegt werden, folgt zu Beginn die Konzeptionsanalyse. Es soll überprüft werden, ob die Ziele und der Programmzweck des Projektes erreichbar definiert wurden. In einer zweiten Stufe – der Prozessevaluation – wird die Plantreue geprüft. Außerdem sollen Zeit-, Kosten, und

Personalressourcen evaluiert werden. Die instrumentelle Evaluation kontrolliert die Zielgruppenwirkung hinsichtlich kurzfristiger Ziele, die Einstellungsevaluation wirft einen Blick auf langfristige Ziele des PR-Projektes und prüft mögliche Einstellungsänderungen hinsichtlich der Emotionen, Aufmerksamkeit, Wahrnehmung und Meinung der Zielgruppe (vgl. Besson 2004: 74ff.).

Eine genaue Vorstellung des integrierten PR-Evaluationsmodells folgt im Methodenteil dieser Arbeit in Kapitel fünf.

4 Die ÖGO

Im folgenden Kapitel steht nun die ÖGO im Zentrum. ÖGO steht für „Österreichische Gesellschaft für Osteopathie" (Österreichische Gesellschaft für Osteopathie 2007a: 1). Sie ist ein Verein, der den Zweck erfüllen soll, die Osteopathie in Österreich zu fördern und für ihre Anerkennung und gesetzliche Reglementierung zu kämpfen (vgl. a.a.O.). Ein kurzer Blick auf die Verbandsgeschichte und -struktur der ÖGO zeigt die momentane Situation des Vereines und gibt Aufschluss über zu Verfügung stehende Ressourcen. Der zweite Teil dieses Kapitels widmet sich der Öffentlichkeitsarbeit der ÖGO. Formulierte Ziele, Zielgruppen und Instrumente werden vorgestellt.

4.1 Verbandsgeschichte und -struktur

Die ÖGO wurde im Jahre 1995 gegründet und setzt sich aus folgenden Vereinsorganen zusammen: Vorstand, Generalversammlung, RechnungsprüferIn und Schiedsgericht (vgl. a.a.O.: 3).

Der Vorstand setzt sich aus vier Mitgliedern – einer/m Obfrau/mann, einer/m StellvertreterIn, einer/m KassierIn und einer/m SchriftführerIn – zusammen und wird von der Generalversammlung für eine Amtszeit von drei Jahren gewählt. Der Vorstand hat die Aufgabe, den Verein zu leiten (vgl. a.a.O.). Dazu gehören folgende, durch die Statuten festgelegte Aufgaben:

- „Erstellung des Jahresvoranschlags sowie Abfassung des Rechenschaftsberichts und des
- Rechnungsabschlusses
- Vorbereitung der Generalversammlung
- Einberufung der ordentlichen und der außerordentlichen Generalversammlung
- Information der Mitglieder über Tätigkeit und finanzielle Gebarung des Vereins in der Generalversammlung
- Verwaltung des Vereinsvermögens
- Aufnahme, Ausschluss und Streichung von Vereinsmitgliedern
- Aufnahme und Kündigung von Angestellten des Vereins
- regelmäßige, aber zumindest einmal jährliche Treffen mit Vertretern von ÄGO (Ärztegesellschaft für Osteopathie), OZK (Osteopathisches Zentrum für Kinder) und WSO (Internationale Schule für Osteopathie)" (a.a.O.: 5f.)

Die Generalversammlung, bei der alle Mitglieder des Vereins teilnahmeberechtig sind, findet alljährlich statt und hat die Aufgabe, Beschlüsse zu fassen und gegebenenfalls die Statuten des Vereins zu verändern (vgl. a.a.O.: 4).

Der/Die RechnungsprüferIn ist für die laufenden Geschäfte des Verbandes verantwortlich (vgl. a.a.O.: 6). Das Schiedsgericht entscheidet über „alle aus dem Vereinsverhältnis entstehenden Streitigkeiten" (a.a.O.: 7) und setzt sich aus fünf Vereinsmitgliedern zusammen (vgl. a.a.O.).

Weitere Anliegen der ÖGO werden durch Arbeitsgruppen – bestehend aus dem Vorstand und Mitgliedern – bearbeitet. Auch die Öffentlichkeitsarbeit wird von einer Arbeitsgruppe der ÖGO betreut und steht im Zentrum des nun folgenden Abschnittes.

4.2 Öffentlichkeitsarbeit der ÖGO
Die Arbeitsgruppe ‚Öffentlichkeitsarbeit' besteht aus zwei Mitgliedern und versucht, PR-Ziele im Sinne der ÖGO umzusetzen. Beide Mitglieder sind OsteopathInnen und verfügen über keine fachspezifische Ausbildung hinsichtlich Public Relations.
Schon in den Statuten des Vereines sind Richtlinien zur Öffentlichkeitsarbeit festgehalten (vgl. Österreichische Gesellschaft für Osteopathie 2007a: 1). Dies zeigt den hohen Stellenwert der PR innerhalb der Österreichischen Gesellschaft für Osteopathie. Ebenfalls in den Statuten festgehalten ist die Beschaffung der finanziellen Mittel, um die PR-Projekte der ÖGO durchzuführen. In §3, Absatz 3 heißt es: „Die erforderlichen materiellen Mittel sollen aufgebracht werden durch: Mitgliedsbeiträge, Erträge, Spenden und Beiträge von fördernden- und Ehrenmitgliedern" (Österreichische Gesellschaft für Osteopathie 2007a: 1).
2009 entwickelte die Arbeitsgruppe ein Konzept zu PR-Projekten der ÖGO, in dem Zielgruppen, Ziele und auch Instrumente der Öffentlichkeitsarbeit der Österreichischen Gesellschaft für Osteopathie geplant wurden (siehe Anhang). Dieses Konzept wird in den kommenden Kapiteln näher erläutert. Außerdem lassen sich aus den PR-Zielen, die die ÖGO in ihren Statuten festhält, weitere Zielgruppen der PR ableiten. An der Umsetzung dieses 2009 erstellten Konzeptes wird noch immer gearbeitet.

4.2.1 Ziele der Öffentlichkeitsarbeit der ÖGO
Die Ziele der Öffentlichkeitsarbeit der ÖGO sind in den Statuten der Österreichischen Gesellschaft für Osteopathie beschrieben. Neben dem in der Einleitung bereits erwähnten Hauptziel der ÖGO, Osteopathie in Österreich zu fördern, sich für ihre Anerkennung einzusetzen und die gesetzliche Reglementierung zu erlangen, verfolgt die ÖGO laut ihren Statuten weiters auch das Ziel, eine Adressliste aller qualifizierten OsteopathInnen Österreichs zu führen, um (potentiellen) PatientInnen eine Therapie bei entsprechend ausgebildeten Fachpersonen zu ermöglichen (vgl. Österreichische Gesellschaft für Osteopathie 2007a: 1).
Außerdem versucht die ÖGO, die Ausbildung zur/zum OsteopathIn hinsichtlich ihrer Qualität zu prüfen (vgl. a.a.O.) sowie Ausbildungskriterien zu definieren, die ein Mindestmaß an

beruflicher Qualifikation für sicheres osteopathisches Arbeiten gewährleisten (vgl. Österreichische Gesellschaft für Osteopathie 2007b: 1).

§ 7, Absatz 2 eines Dokuments der ÖGO mit dem Titel „Der Osteopathische Standard – ein Verhaltenskodex für Mitglieder der Österreichischen Gesellschaft für Osteopathie (ÖGO)" (Österreichische Gesellschaft für Osteopathie 2005) beschäftigt sich mit einem weiteren Ziel der Öffentlichkeitsarbeit der ÖGO: die aktive Mitarbeit der Mitglieder sowie die Anbindung an den Verein und seine Interessen:

> „Die Mitglieder sind verpflichtet, die Interessen des Vereins nach Kräften zu fördern und alles zu unterlassen, wodurch das Ansehen und der Zweck des Vereins Abbruch erleiden könnte. Sie haben die Vereinsstatuten und die Beschlüsse der Vereinsorgane zu beachten (…)" (a.a.O.: 3).

Weiters versucht die ÖGO laut des 2009 erstellten Konzeptes, neue Mitglieder zu werben, uninformierte PatientInnen aufzuklären und die Pressearbeit durch die Zusammenstellung einer Mappe zu professionalisieren (siehe Anhang).

4.2.2 Zielgruppen der Öffentlichkeitsarbeit der ÖGO

Die ÖGO definiert in dem bereits erwähnten Konzept folgende Zielgruppen: OsteopathInnen, potentielle PatientInnen und die Öffentlichkeit, im Speziellen offizielle Stellen. Die OsteopathInnen werden hierbei unterteilt in jene, die bereits Mitglieder der ÖGO sind und jene, die erst als Mitglieder gewonnen werden sollen. Auch die Gruppe der potentiellen PatientInnen unterteilt die ÖGO in informierte und uninformierte PatientInnen. Die sogenannte ‚Öffentlichkeit' hingegen wird im PR-Konzept der ÖGO nicht näher beschrieben (siehe Anhang). Da im Konzept der ÖGO auch die Erstellung einer Pressemappe angeführt wird, lässt sich die Medienöffentlichkeit zu den bereits erwähnten Zielgruppen hinzufügen (siehe Anhang).

Aus dem Hauptziel der ÖGO, der Anerkennung der Osteopathie in Österreich, lässt sich eindeutig nach den Statuten der ÖGO (vgl. Österreichische Gesellschaft für Osteopathie 2007a: 1) die Fach-(politische) Öffentlichkeit als Zielgruppe der PR der Österreichischen Gesellschaft für Osteopathie ableiten. Parteien, PolitikerInnen und ‚Fachverbände' wie die Österreichische Ärztekammer müssen von der PR der ÖGO angesprochen werden, um dieses Hauptziel erfolgreich umzusetzen.

Mittels der Adressenliste versucht die ÖGO, die ‚Kern'-Öffentlichkeit zu erreichen – Interessierte, Betroffene, (potentielle) PatientInnen und deren Angehörige sollen mit Informationen zu gut ausgebildeten OsteopathInnen versorgt werden.

Über den in Kapitel 4.2.1 erwähnten Verhaltenskodex für Mitglieder der ÖGO wendet sich die ÖGO an ihre Mitglieder selbst und verpflichtet diese zu Mitarbeit und Unterstützung (vgl. Österreichische Gesellschaft für Osteopathie 2005: 3).

Da nun Ziele und daraus abgeleitete Zielgruppen erläutert wurden, stellt sich die Frage, welche Methoden und Instrumente die ÖGÖ plant, diese Zielgruppen zu erreichen, um die definierten Ziele der PR umzusetzen.

4.2.3 Instrumente und Methoden der Öffentlichkeitsarbeit der ÖGÖ

Die Österreichische Gesellschaft für Osteopathie definiert in den Statuten konkrete Mittel, um den „Vereinszweck" (Österreichische Gesellschaft für Osteopathie 2007a: 1) – die gesetzliche Reglementierung der Osteopathie in Österreich – zu erreichen: Die Organisation von öffentlichen Vorträgen, Gesprächsrunden und Fachdiskussionen, aber auch das Veranstalten von Fortbildungskursen und Kongressen steht an oberster Stelle (vgl. a.a.O.).

In dem Konzept der ÖGÖ werden weiters folgende Instrumente festgelegt:

- PatientInneninformationsfolder
- Informationsbroschüre zur Mitglieder-Werbung
- Einheitliche Visitenkarten, Briefpapier, Honorarnoten-Blöcke (Corporate Identity)
- Neu-Gestaltung der Homepage mit FAQ-Bereich, Online-Shop für Mitglieder, Zugang zu osteopathisch relevanten Studien und zur Präsentationsplattform für TherapeutInnen und PatientInnen
- Eintrag der ÖGÖ auf Wikipedia
- Verbesserung des Google-Rankings
- Erneuerung von Präsentationen bei öffentlichen Auftritten
- Erstellung einer Pressemappe

Zusammengefasst lassen sich nun in Anlehnung an das PR-Konzept der ÖGÖ die Ziele und Instrumente folgenden Zielgruppen zuordnen:

Zielgruppe: Interne Öffentlichkeit
Ziel: Motivation zur aktiven Mitarbeit und Förderung, Bindung an den Verein
Instrument: Möglichkeit zur Präsentation auf der Homepage der ÖGÖ
Online-Shop
Zugang zu Studien

Zielgruppe: Kern-Öffentlichkeit
Ziel: Werbung von Mitgliedern
Werbung von PatientInnen
Informationen für PatientInnen

Instrument:	Informationsfolder für Nicht-Mitglieder und PatientInnen
	Öffentliche Präsentationen, beispielsweise beim Wiener Schmerztag
	FAQ-Bereich
	Verbesserung des Google-Rankings
	Eintrag auf Wikipedia

Zielgruppe:	Fach-(politische) Öffentlichkeit
Ziel:	gesetzliche Reglementierung und Anerkennung der Osteopathie
Instrument:	-

Zielgruppe:	Medienöffentlichkeit
Ziel:	-
Instrument:	Pressemappe

Eine Diskussion dieser – von der ÖGO übernommenen – Zuordnung folgt in Kapitel 8.

Das nun folgende Kapitel beschäftigt sich erst mit einer genauen Vorstellung des Forschungsdesigns. Darauf folgt eine Beschreibung der tatsächlichen Evaluation der eben beschriebenen Ziele, Zielgruppen und Instrumente. Weiters werden die Ergebnisse präsentiert und eventuelle Verbesserungsvorschläge vorgestellt.

5 Forschungsdesign

Im folgenden Kapitel werden sowohl die hier gewählte Erhebungsmethode als auch der Datenauswertungsprozess erläutert.

Wie bereits in Kapitel 3 erwähnt, bietet das integrierte PR-Evaluationsmodell nach Besson die Möglichkeit, flexibel und trotzdem standardisiert verschiedene PR-Projekte individuell zu beurteilen. Teil dieser Evaluation sind das ExpertInneninterview und die Beobachtung, die ebenfalls in diesem Kapitel erläutert werden sollen.

5.1 Bessons Modell der integrierten PR-Evaluation

Besson (2004) orientiert sich bei ihrem Evaluationsmodell an sieben Grundsätzen: Strategie, Integration, Flexibilität, Kontinuität, Ergebniskontrolle, Publizität und Feedback (vgl. a.a.O.: 74).

Strategisches Vorgehen bedeutet für Besson „Zielsetzung, Planung und Kontrolle" (a.a.O.: 75). Das Verständnis der Öffentlichkeitsarbeit als Managementfunktion ist hierfür Grundbedingung. Auch bei der Evaluation müssen vorab Ziele, Zielgruppe und die Verwendung der Ergebnisse festgelegt werden.

Im Bereich Integration fordert Besson (2004) das Einbeziehen der MitarbeiterInnen, Aufklärung und Transparenz der PR-Evaluation (vgl. a.a.O.: 75).

Die Anforderung an ein PR-Evaluationsmodell, flexibel zu sein, soll den vielseitigen Anforderungen der PR gerecht werden. Wie zu Beginn dieser Arbeit erläutert, gibt es viele Wege der PR (vgl. Grunig und Hunt 1984). All diese Wege müssen mittels eines einheitlichen PR-Evaluationsmodells erfasst werden können – ohne dabei auf Standardisierung und Komplexität zu verzichten (vgl. Besson 2004: 76).

Kontinuität ist nicht nur hinsichtlich des PR-Projektes, sondern auch in Bezug auf die PR-Evaluation wichtig. Die Evaluation soll sich über einen längeren Zeitraum strecken und sowohl die Phase vor, während als auch nach der Durchführung des PR-Projektes erfassen (vgl. a.a.O.).

Die Ergebniskontrolle stellt den Vergleich der festgelegten Ziele mit den Ergebnissen dar. Außerdem soll entschieden werden, ob PR-Maßnahmen weitergeführt, verändert oder eingestellt werden (vgl. a.a.O.: 78).

Die Veröffentlichung der Ergebnisse steht im Zentrum des Grundsatzes ‚Publizität'. Hierbei sollen die Ergebnisse der Öffentlichkeit – zumindest jedoch dem Fachpublikum – zugänglich gemacht werden (vgl. a.a.O.).

Mittels kontinuierlichem Feedback kann aus den Ergebnissen der PR-Evaluation ein direkter Lerneffekt gezogen werden (vgl. a.a.O.).

Besson (2004) fasst die Anforderungen an PR-Evaluation in aller Kürze zusammen:

„PR-Evaluation sollte flexibel, aber mit standardisierten Methoden und wissenschaftlichem Anspruch erfolgen. Es ist empfehlenswert, sie planvoll und zielgerichtet durchzuführen, sie auf Dauer anzulegen und die Ergebnisse aktiv zu kommunizieren" (a.a.O.: 79, Herv. i.O.).

Das integrierte PR-Evaluationsmodell versteht sich als Baukastensystem und bietet hierdurch die „ideale Kombination von Standardisierung und Flexibilität" (a.a.O.).

Zu Beginn steht die Erstellung eines Evaluationsplans, der sich in drei Abschnitte gliedert: „die Situationsanalyse, die Strategie und die Taktik der Evaluation" (a.a.O.: 81). In der Situationsanalyse werden die zu Verfügung stehenden Ressourcen und die PR-Konzeption untersucht, sowie die Aufgabenstellung definiert. Ziele und Zielgruppen, sowie Verwendungszweck der Ergebnisse werden in der Strategie festgelegt. Die Maßnahmen der PR-Evaluation werden in der Taktik definiert, die Aufstellung des Strukturplans steht im Zentrum (vgl. a.a.O.: 81 und 101).

Der zweite Schritt ist die PR-Programmevaluation: „die Qualität der PR-Konzeption (Konzeptionsevaluation), die Plantreue der Durchführung (Prozessevaluation), sowie die kurz- und langfristigen Wirkungen (Instrumentelle Evaluation/Einstellungsevaluation) der Kampagne" (a.a.O.: 82) stehen hier im Zentrum der Untersuchung.

Der dritte Abschnitt des Baukastensystems ist die Ergebniskontrolle, aus der sich auch eine Handlungsempfehlung ableiten lässt, um im abschließenden vierten Schritt die Ergebnisse zu kommunizieren (Ergebnisverwendung) (vgl. a.a.O.: 84f.).

Alle Schritte sollten – wie bereits erwähnt – von kontinuierlichem Feedback begleitet werden. (vgl. a.a.O.: 86).

Die folgende Graphik zeigt die Zusammenhänge des integrierten PR-Evaluationsmodelles nach Besson:

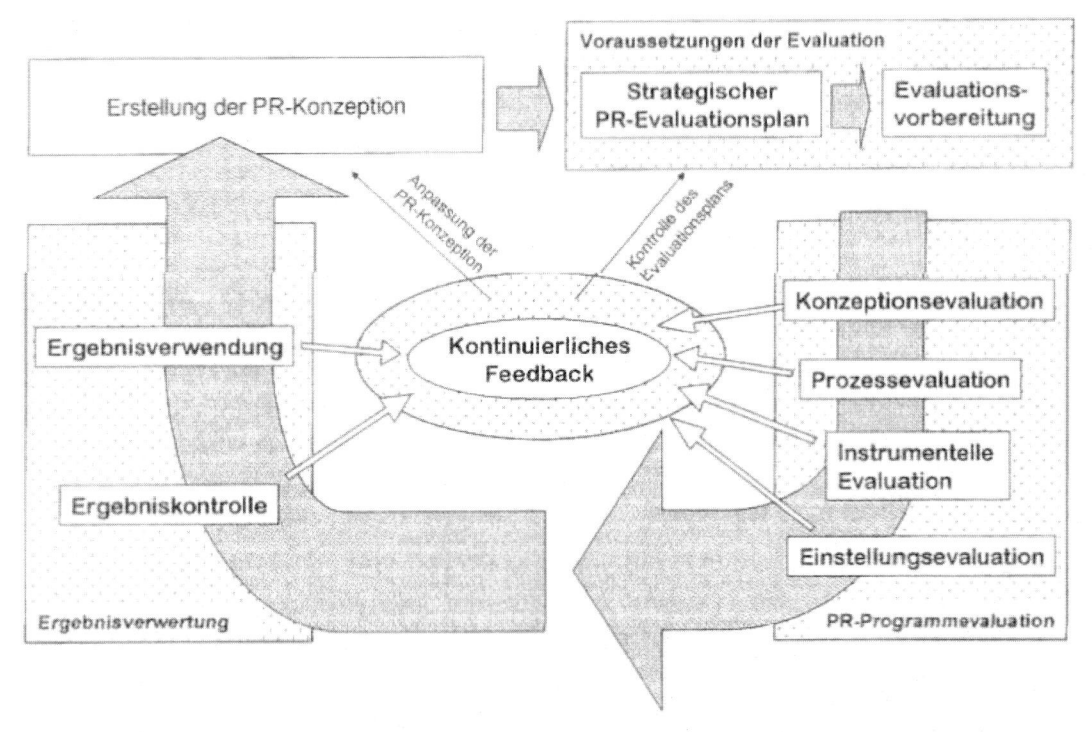

Abbildung 7: Das ‚integrierte PR-Evaluationsmodell' (Besson 2004: 80)

Auch zur konkreten Methodik gibt Besson (2004) einen Katalog an Vorschlägen, die entsprechend des zu evaluierenden PR-Projektes ausgewählt werden können (vgl. a.a.O.: 109ff.). Die konkreten Techniken, die in dieser Arbeit zum Einsatz kamen, werden im folgenden Kapitel näher erläutert.

5.2 Datenerhebung

In diesem Kapitel wird der Prozess der Datenerhebung dargestellt. Entsprechend der verschiedenen Phasen der PR-Evaluation wird auf die einzelnen Instrumente zur Datenerhebung detailliert eingegangen.

5.2.1 Erstellung des Evaluationsplans

Die Erstellung des Evaluationsplans ist der erste Schritt des integrierten PR-Evaluationsmodelles nach Besson und stellt einen ‚Fahrplan' für das weitere Vorgehen dar (vgl. Besson 2004: 102).

Nach einer ersten Situationsanalyse, in der die Aufgabenstellung definiert wird, folgt in einem strategischen Block die Festlegung der Ziele, der Zielgruppen und des Verwendungszwecks der Evaluation. Die Zielgruppe stellt in erster Linie die AuftraggeberInnen der PR-Evaluation, aber auch das Fachpublikum dar. Weiters wird das grobe Untersuchungsdesign festgelegt, das erste methodische Entscheidungen beinhaltet. Beim integrierten PR-Evaluationsmodell werden hier auch jene Module ausgewählt, die für das spezielle Evaluationsprojekt interessant und wichtig sind. Die Taktikplanung bearbeitet „Details des Projektes: Struktur-, Ablauf-, Personal- und Budgetplan" (a.a.O.: 98). Die konkreten Evaluationsinstrumente – wie Fragebögen, Checklisten oder Interviewleitfäden – werden hier erstellt (vgl. a.a.O.: 99ff.). Der komplette Evaluationsplan dieser PR-Evaluation ist im Anhang dieses Buches zu finden.

5.2.2 Die Konzeptionsevaluation

Die Konzeptionsevaluation stellt nach dem Erstellen des Evaluationsplans den Beginn der PR-Evaluation dar. Besson (2004) empfiehlt, vorab einige Hauptfragen zu formulieren:

> „Sind Programmzweck und -ziele exakt und messbar definiert? Sind Programmzweck und -ziele realistisch erreichbar? Wird die Erreichung der Ziele durch das Programm ermöglicht (Ursache-Wirkungsbeziehung)? Ist die Auswahl und Herleitung der Zielgruppen ausreichend beschrieben und begründet? Können diese Gruppen tatsächlich erreicht werden und haben diese Gruppen ein Interesse an oder einen Nutzen von dem Thema/der Botschaft? Sind die einzelnen Maßnahmen und ihre Funktionen ausreichend im Konzept beschrieben? Ist die Ressourcenverteilung angemessen und realistisch?" (a.a.O.: 112).

In der Praxis bieten sich zur Konzeptionsevaluation der Einsatz von Checklisten und Fragebögen an (vgl. a.a.O.: 115). Besson bietet eine standardisierte Checkliste an, die auch in dieser Arbeit zur Anwendung kommt. Diese Checkliste deckt „alle standardmäßigen Punkte, die eine PR-Konzeption berücksichtigen sollte" (a.a.O.) ab und soll mittels einer dreistufigen Skala von einer/einem unabhängigen PR-Fachfrau/mann bearbeitet werden. In der Skala gibt es – je nach Einschätzung des PR-Profis – zwei bis null Punkte für verschiedene Elemente des PR-Konzeptes.

Auch die Checkliste, die von einer unabhängigen PR-Fachfrau bearbeitet wurde, ist Teil des Anhangs dieser Arbeit.

5.2.3 Die Prozessevaluation

Die Prozessevaluation behandelt in erster Linie die Plantreue des PR-Projektes aus interner Sicht. Wurde das Konzept nach Meinung des Teams entsprechend umgesetzt? Der Budget-, Zeit- und Ressourcenplan wird ebenfalls einer Prüfung unterzogen (a.a.O.: 125). Auch hier empfiehlt Besson (2004) die Verwendung einer Checkliste (a.a.O.:126). Um jedoch weitere wichtige Aspekte der Prozessevaluation – soziale Bereich wie die Zufriedenheit im Team oder auch unerwartete Reaktionen – zu erheben, empfiehlt sich der Einsatz einer Befragung oder eines Interviews (vgl. a.a.O.: 127), auf das im kommenden Abschnitt näher eingegangen wird.

Das ExpertInneninterview stellt eine Sonderform des Leitfadeninterviews dar. Der/Die Interviewte steht hierbei nicht als gesamte Person im Zentrum des Gesprächs, sondern in seiner/ihrer Rolle als repräsentative ExpertIn für ein bestimmtes Interessensfeld (vgl. Flick 2007: 214). Der/Die InterviewerIn soll den Fokus des Interviews auf jene Informationen richten, die der/die InterviewpartnerIn in seiner/ihrer Rolle als ExpertIn „liefern" (Flick 2007: 215) kann. Dementsprechend bietet sich ein Leitfaden-Interview an, diesen Fokus zu verfolgen (a.a.O.). Bogner und Menz (2002) definieren den/die ExpertIn hinsichtlich des ExpertInneninterviews wie folgt:

> „Der Experte verfügt über technisches, Prozess- und Deutungswissen, das sich auf sein spezifisches professionelles oder berufliches Handlungsfeld bezieht. Insofern besteht das Expertenwissen nicht allein aus systematisiertem, reflexiv zugänglichem Fach- oder Sonderwissen, sondern es weist zu großen Teilen den Charakter von Praxis- oder Handlungswissen auf, in das verschiedene und durchaus disparate Handlungsmaximen und individuelle Entscheidungsregeln, kollektive Orientierung und soziale Deutungsmuster einfließen" (a.a.O.: 46).

Da die PR-Beauftragten der ÖGO hinsichtlich des von der ÖGO geplanten PR-Konzeptes als Expertinnen[3] anzusehen sind – auch wenn sie keine ausgebildeten PR-Fachfrauen sind – wird in dieser Untersuchung mit dieser Methode gearbeitet.

Der Interviewleitfaden des ExpertInneninterviews soll nicht nur helfen, den Fokus rein auf das Wissen des/der ExpertIn zu richten, sondern auch den – bei ExpertInnen oft relevanten – Zeitaspekt des Interviews möglichst kurz halten (vgl. Flick 2007: 215). Zur besseren Strukturierung bietet es sich an, den Leitfaden in Themenblöcke zu unterteilen (vgl. a.a.O.: 203). Entsprechend der Phase der PR-Evaluation, in dem das ExpertInneninterview geführt wird – der Prozessevaluation – wurden folgende Themenblöcke gebildet:

Block eins beschäftigt sich mit den konkreten Maßnahmen des PR-Projektes und hinterfragt die Plantreue des Konzeptes. Im zweiten Themenblock steht der Zeitverbrauch des PR-Projektes im Zentrum, um analog hierzu im dritten Block die Kostenplantreue zu prüfen. Im vierten Themenblock wird nach personellen und technischen Ressourcen gefragt. Die Qualität der Zusammenarbeit im PR-Team, die Stimmung im Team sowie Lob und Kritik der MitarbeiterInnen werden im fünften Themenblock unter dem Begriff ‚Soziales' zusammengefasst. Geschlossen wird das Interview mit dem sechsten Themenblock, der sich mit etwaigen Randerscheinungen – wie unerwartete Reaktionen oder weiteren offenen Bemerkungen – beschäftigt.

Der komplette Leitfaden zum ExpertInneninterview ist im Anhang dieses Buches zu finden.

---

[3] Das PR-Team der ÖGO setzt sich ausschließlich aus weiblichen Personen zusammen.

Das Interview mit der PR-Beauftragten der ÖGO fand am 17. März 2012 statt und wurde mit dem Einverständnis der Gesprächspartnerin aufgezeichnet.

Die Kombination aus Checkliste und ExpertInneninterview ermöglicht eine weitreichende Erfassung der Daten für die Prozessevaluation und erlaubt zur nächsten Phase – der instrumentellen Evaluation – überzugehen.

5.2.4 Die instrumentelle Evaluation

Besson (2004) definiert die instrumentelle Evaluation als „Erfassung der direkten äußerlichen Effekte des PR-Programms und der kurzfristigen Wirkungen" (a.a.O.: 128). Je nachdem, welche konkreten Instrumente das PR-Projekt beinhaltet, werden passende Evaluationsinstrumente gewählt.

Rufen wir uns die Instrumente der ÖGO – in Kombination mit Zielgruppen und Zielen – nochmals ins Gedächtnis:

Zielgruppe: Interne Öffentlichkeit
Ziel: Motivation zur aktiven Mitarbeit und Förderung, Bindung an den Verein
Instrument: Möglichkeit zur Präsentation auf der Homepage der ÖGO
Online-Shop
Zugang zu Studien

Zielgruppe: Kern-Öffentlichkeit
Ziel: Werbung von Mitgliedern
Werbung von PatientInnen
Information für PatientInnen
Instrument: Informationsfolder für Nicht-Mitglieder und PatientInnen
Öffentliche Präsentationen, beispielsweise beim Wiener Schmerztag
FAQ-Bereich
Verbesserung des Google-Rankings
Eintrag auf Wikipedia

Zielgruppe: Fach-(politische) Öffentlichkeit
Ziel: gesetzliche Reglementierung und Anerkennung der Osteopathie
Instrument: -

Zielgruppe: Medienöffentlichkeit
Ziel: -
Instrument: Pressemappe

Hierfür eignen sich die von Besson (2004) vorgeschlagenen Evaluationsinstrumente: eine wissenschaftliche Beobachtung, eine Frequenzanalyse des Medienverhaltens und ein standardisierter Fragebogen (vgl. a.a.O.: 136).

Die wissenschaftliche Beobachtung ist eine relativ alte Methode und ist gekennzeichnet durch systematische Planung und Aufzeichnung sowie „wiederholte(n) Prüfungen und Kontrollen hinsichtlich der Gültigkeit, Zuverlässigkeit und Genauigkeit" (Jahoda, Deutsch und Cook, 1966: 77). Im Rahmen dieser Arbeit wird eine offene, strukturierte und direkte Beobachtung durchgeführt. Zu Beginn werden Beobachtungsobjekt, Beobachtungssubjekt, Beobachtungsfeld, Mittel der Beobachtung und Auswertungsmethode bestimmt (vgl. Lamnek 2001: 270). Der/Dem BeobachterIn kommt hierbei eine bedeutende Rolle zu. Bortz und Döring (1995) verlangen dem/der BeobachterIn folgende vier Grundaufgaben ab: „entdecken, beurteilen, codieren und registrieren" (a.a.O.: 239). Weiters muss er/sie ein Beobachtungsschema erstellen, in welchem Zahl und Art der Beobachtungseinheiten festgelegt werden. Bei der Beobachtung dieser PR-Evaluation handelt es sich um so genannte Zeichen-Systeme. Das bedeutet, dass lediglich das (Nicht-)Vorhanden-Sein des Beobachtungsobjekts registriert wird (vgl. Lamnek 1995: 283). Folgende PR-Aktivitäten der ÖGO wurden mittels der wissenschaftlichen Beobachtung evaluiert: die Erweiterung der Homepage (Einrichtung eines Online-Shops, Zugang zu osteopathisch relevanten Studien für Mitglieder, Präsentationsseite für Mitglieder, FAQ-Bereichs), Eintrag der ÖGO auf Wikipedia sowie die Verbesserung des Google-Rankings. Auch die Entwicklung der Mitgliederzahl der ÖGO in den vergangenen Jahren wurde mittels einer Beobachtung festgestellt. Auch hier handelt es sich um eine Beobachtung mit Zeichensystem – allerdings wird nicht in Vorhanden-Sein oder Nicht-Vorhanden-Sein unterschieden, sondern tatsächliche Zahlen beobachtet. Der Beobachtungsplan ist im Anhang dieser Arbeit zu finden.
Die Beobachtung fand über einen Zeitraum von einer Woche von 19.-25. März 2012 statt.

Eine Frequenzanalyse von BesucherInnen auf der Homepage der ÖGO – mit einer detaillierten Auflistung, welche Bereiche der Homepage frequentiert sind, erlaubt Rückschlüsse darauf, ob die PR-Maßnahmen der ÖGO auch von den entsprechenden Zielgruppen angenommen werden (vgl. Besson 2004: 135).

Die Qualität von PR-Aktivitäten lässt sich gut anhand eines standardisierten Fragebogens ermitteln, der von einer/einem unabhängigen PR-Fachmann/frau bearbeitet wird. Der Fragebogen, der im Anhang dieser Arbeit vorzufinden ist, deckt verschieden Bereiche der instrumentellen Evaluation ab, die je nach Anforderungen des speziellen PR-Projektes adaptiert werden können (vgl. a.a.O.: 138). Dieser Fragebogen fungiert als Evaluationsinstrument der beiden Folder der ÖGO und der Qualität der Homepage.

5.2.5 Die Einstellungsevaluation

Die Einstellungsevaluation dient der Kontrolle der langfristigen Wirkungen eines PR-Projektes, im Speziellen „Veränderungen im Bereich Meinung, Wissen, Emotionen und Verhalten" (Besson 2004: 83). Wie man an dem Begriff ‚Veränderung' allerdings bereits erkennen kann, handelt es sich bei der Einstellungsevaluation um einen *Vergleich* von Daten zu zwei verschiedenen Zeitpunkten: vor und nach der Durchführung des PR-Projektes (vgl. a.a.O.: 154). Da die PR-Kampagne der ÖGO bereits seit 2009 im Gange ist – und vorab keine Evaluation der oben genannten Bereiche stattgefunden hat – kann im Rahmen dieser Arbeit keine Einstellungsevaluation durchgeführt werden. Aufgrund des Baukasten-artigen Aufbaus des integrierten PR-Evaluationskonzeptes von Besson stellt dies jedoch kein Hindernis für die Durchführung einer PR-Evaluation dar. Die Autorin empfiehlt, eine Einstellungsevaluation jedenfalls zu einem späteren Zeitpunkt durchzuführen, um weitere Einstellungsänderungen prüfen zu können (siehe auch Kapitel 8).

Die Ergebniskontrolle mit Empfehlungen zum weiteren Handeln ist Teil des achten Kapitels, den Verbesserungsvorschlägen.

5.3 Datenauswertung

Im folgenden Abschnitt wird die Methodik der Datenauswertung vorgestellt. In Anlehnung an das vorangegangene Kapitel wird der Prozess der Datenauswertung entsprechend der verschiedenen Phasen des integrierten PR-Evaluationsmodells nach Besson erläutert.

5.3.1 Auswertung der Daten der Konzeptionsevaluation

Die Konzeptionsevaluation wurde durch die von Besson vorgeschlagene Checkliste durchgeführt. Wie bereits erläutert, wird mittels des dreistufigen Systems jedes Element mit 0, 1 oder 2 Punkten bewertet. Daraus ergeben sich Kennwerte, die miteinander in Bezug gesetzt werden. Das Verhältnis dieser Kennwerte zueinander „ergibt eine Maßzahl, die als Qualitätsmaßzahl (SCORE) betrachtet werden kann" (Besson 2004: 200). Diese Maßzahl wird für jeden Abschnitt der Evaluationscheckliste erstellt, um dann einen allumfassenden Oberkennwert zu bilden, der eine Gesamtaussage zum PR-Konzept erlaubt (vgl. a.a.O.).

5.3.2 Auswertung der Daten der Prozessevaluation

Die Auswertung der Prozessevaluation lässt sich in sechs Abschnitte gliedern, die bereits bei der Datenerhebung berücksichtigt wurden: „PR-Maßnahmen, Ressourcen, Kosten, Zeit, Soziales und Randerscheinungen" (Besson 2004: 201). Auch hier werden durch die Checkliste Leitkennwerte für jeden dieser Bereiche errechnet, die eine „Aussage zur Planmäßigkeit" (a.a.O.) jedes Abschnittes erlauben.

Das ExpertInneninterview wird mittels qualitativer Inhaltsanalyse nach Mayring ausgewertet. Die Inhaltsanalyse nach Mayring ist eigentlich eine Technik der Kommunikationswissenschaften, lässt sich aber mittlerweile in vielen verschiedensten Wissenschaftsbereichen finden (vgl. Mayring 2008a: 469). Mayring (2008b) ermöglicht mit seinem Modell der qualitativen Inhaltsanalyse eine „systematische Bearbeitung von Kommunikationsmaterial" (a.a.O.: 11) – im Rahmen dieser Studie die Bearbeitung des ExpertInneninterviews. Durch strukturiertes, festgelegtes Vorgehen ist diese Methode nachvollziehbar und durchschaubar (vgl. Mayring 2008a: 474). Trotzdem bleibt die qualitative Inhaltsanalyse durch Anpassung an den konkreten Gegenstand immer flexibel (vgl. Mayring 2008b: 43).

Mayring fasst sein Modell der Qualitativen Inhaltsanalyse in drei Schritte zusammen: Zu Beginn wird in Phase eins der Ausgangstext zusammengefasst – ohne die wichtigsten Inhalte zu streichen. Die drei Arbeitsschritte paraphrasieren[4], generalisieren[5] und reduzieren[6] erfolgen ebenfalls in dieser Zusammenfassung. In der zweiten Phase werden „unklare Textpassagen ... dadurch verständlich gemacht, dass zusätzliche Materialien (z.B. andere Interviewpassagen, Informationen über den Befragten) herangezogen werden" (Bortz; Döring 2009: 332). Diese Phase wird Explikation genannt. Im abschließenden Schritt – der Strukturierung – wird ein passendes Kategorienschema erstellt, das im Laufe der Auswertung weiteren Verfeinerungen unterzogen wird. In Anlehnung an die Themenblöcke des Interviewleitfadens ergaben sich bei dieser Arbeit folgende Kategorien:

- Geplante PR-Maßnahmen – Plantreue
- Zeitkontrolle des PR-Konzeptes
- Kostenkontrolle des PR-Konzeptes
- Ressourcenkontrolle des PR-Konzeptes
- Soziale Prozesse innerhalb des PR-Teams und der ÖGO
- Unerwartete Randerscheinungen

Abschließend folgt die Endauswertung hinsichtlich der zu beantwortenden Fragestellung/en.

---

[4] Paraphrasieren steht für „Wegstreichen ausschmückender Redewendungen, Transformation auf grammatikalische Kurzformen" (Bortz; Döring 2009: 332).
[5] Generalisieren bedeutet „konkrete Beispiele verallgemeinern" (Bortz; Döring 2009: 332).
[6] Bei der Reduktion handelt es sich um das Zusammenfassen ähnlicher Paraphrasen (vgl. Bortz; Döring 2009: 332).

5.3.3 Auswertung der Daten der instrumentellen Evaluation

Bei der instrumentellen Evaluation kamen folgende Erhebungsmethoden zum Einsatz: Fragebogen, Frequenzanalyse und Beobachtung.

Die Auswertung des Fragebogens, dessen Beantwortung wie bei alle anderen Checklisten und Fragebögen auch von einer/einem unabhängigen PR-Fachmann/frau vorgenommen wurde, erfolgt „in Form einer aufsummierten Punktzahl" (Besson 2004: 138). Auch hier werden die erreichten Punkte in Relation zur Maximalpunktzahl gesetzt. Dies drückt in Prozent die Qualität der umgesetzten PR-Aktivitäten aus (vgl. a.a.O.).

Die Ergebnisse der Frequenzanalyse werden in Diagrammen dargestellt und so versucht, Zahlen visuell sicht- und dadurch besser greifbar zu machen. Auch die Daten der Beobachtung mit Zahlensystem lassen sich so veranschaulichen. Die Beobachtung soll die Daten der Prozessevaluation, die die interne Sicht widerspiegelt, nochmals aus einem äußeren Blickwinkel verdeutlichen.

6 Ergebnisse

Zu Beginn werden hier die Ergebnisse der einzelnen Phasen der PR-Evaluation vorgestellt. In einem weiteren Schritt werden diese Einzelergebnisse zu einem Gesamtergebnis zusammengefasst und präsentiert, um sie im folgenden Kapitel diskutieren zu können.

6.1 Die Einzelergebnisse

Die Ergebnisse der Konzeptionsevaluation, der Prozessevaluation und der instrumentellen Evaluation stehen im Zentrum des nun folgenden Kapitels.

6.1.1 Ergebnisse der Konzeptionsevaluation

Die Konzeptionsevaluation wurde mittels Fragebogen – bearbeitet durch eine/n unabhängige/n PR-Fachfrau/mann – durchgeführt. Daraus ergaben sich Kennwerte, Maßzahlen und folglich Oberkennwerte, die hier nun präsentiert werden. Die Maßzahlen entstanden durch eine Gliederung in folgende Teilbereiche: PR-Situationsanalyse, PR-Strategie und PR-Taktik.

		Nicht nötig	Trifft nicht zu	Trifft teilweise zu	Trifft voll zu	Pkt.	Max. Pkt.	Score
		-	0 Pkt.	1 Pkt.	2 Pkt.			
Datenbasis	Vorhandene Info wird genutzt			1				
	Eigenrecherche wurde betrieben			1				
	Datenbasis PUNKTZAHL					2	4	50%
Instrumente	Situationsanalyse über vorhandene Info			1				
	Situationsanalyse über Beobachtung		0					
	Situationsanalyse über Inhaltsanalyse		0					
	Andere Methoden		0					
	Instrumente PUNKTZAHL					1	8	13%
Bewertung der Situation	Umfeld wurde beachtet			1				
	Krisengefahr wurde definiert		0					
	Formulierte Aufgabe ist logische Konsequenz der Situation			1				
	Situation PUNKTZAHL					2	6	33%
PR-Situationsanalyse PUNKTZAHL						5	18	28%

		Nicht nötig	Trifft nicht zu	Trifft teilweise zu	Trifft voll zu	Pkt.	Max. Pkt.	Score
		-	0 Pkt.	1 Pkt.	2 Pkt.			
Zieldefinition	Ziel ist eindeutig beschrieben			1				
	Ziel ist messbar festgelegt				2			
	Zeitlimit ist festgelegt				2			
	Bezug zw. PR- und Unternehmenszielen ist klar			1				
	Unterteilung in interne und externe Ziele wurde vorgenommen		0					
	Zieldefinition PUNKTZAHL					6	10	60%
Botschaften	Botschaften haben klaren Zielbezug		0					
	Botschaften sind verständlich		0					
	Botschaften PUNKTZAHL					0	4	0%
Zielgruppen	Wurden in extern/intern geteilt			1				
	Funktionen der Zielgruppen wurde festgelegt				2			
	Botschaften wurden an Zielgruppe angepasst		0					
	Zielgruppen PUNKTZAHL					3	6	50%
Kernmaßnahmen	Maßnahme erreicht Zielgruppe				2			
	Maßnahme transportiert Botschaft			1				
	Zeichnet sich durch Originalität aus		0					
	Kernmaßnahmen PUNKTZAHL					3	6	50%
PR-Strategie PUNKTZAHL						12	26	46%
Maßnahmen	Maßnahmenplan wurde erstellt				2			
	Maßnahmen passen zusammen			1				
	Jede Maßnahme transportiert Botschaft		0					
	Jede Maßnahme erreicht Zielgruppe			1				
	Jede Maßnahme hilft bei Zielerreichung			1				
	Ziele wurden für jede Maßnahme festgelegt				0			
	Organisation für jede Maßnahme wurde geplant				0			
	Für jede Maßnahme wurde Methode zur Erfolgskontrolle geplant				0			
	Maßnahmen PUNKTZAHL					5	16	31%
Zeitplan	Gesamtprojektdauer festgelegt			1				
	Zeitverteilung des gesamten Projekt wurde geplant				0			
	Entscheidende Termine/Zeitpunkte wurden festgelegt			1				
	Zeitplan PUNKTZAHL					2	6	33%
Ressourcenplan	Personalplan mit Zeit- und Aufgabenverteilung wurde erstellt			1				
	Bedarf an Technik und anderen organisator. Details wurde bedacht			1				
	Ressourcen PUNKTZAHL					2	4	50%
Budgetplan	Vorab wurde eine detaillierte Aufstellung über Kosten erstellt			1				
	Kostenverlaufsplan wurde erstellt			1				
	Budgetplan PUNKTZAHL					2	4	50%
PR-Taktik PUNKTZAHL						11	30	37%
GESAMT PUNKTZAHL						28	74	38%

Abbildung 8: Checkliste Konzeptionsevaluation, ausgefüllt (eigene Darstellung)

Ergänzend zu den Punktzahlen äußerte die unabhängige PR-Fachfrau Bedenken hinsichtlich der unklaren Strukturierung des PR-Konzepts der ÖGO. Die Botschaften der Österreichischen Gesellschaft für Osteopathie sind nicht ausreichend definiert – was ist die ÖGO konkret? Was macht die ÖGO? Welchen Benefit haben Mitglieder und auch (potentielle) PatientInnen durch die ÖGO? Strategien und Maßnahmen der PR werden in dem Konzept vermischt, eine stärkere Differenzierung wäre notwendig.

6.1.2 Ergebnisse der Prozessevaluation

Die Prozessevaluation erfolgte mit den Instrumenten ExpertInneninterview und Checkliste. Das Interview wurde mittels Qualitativer Inhaltsanalyse nach Mayring ausgewertet. Die Kategorien zur Auswertung des ExpertInneninterviews wurden bereits in Kapitel 5.3.2 erläutert und seien hier nochmals kurz erwähnt:

- Geplante PR-Maßnahmen – Plantreue
- Zeitkontrolle des PR-Konzeptes
- Kostenkontrolle des PR-Konzeptes
- Ressourcenkontrolle des PR-Konzeptes
- Soziale Prozesse innerhalb des PR-Teams und der ÖGO
- Unerwartete Randerscheinungen

Ein exemplarischer Auszug des Kategorienschemas ist Teil des Anhangs dieser Arbeit.

Entsprechend dieser Kategorien werden nun die konkreten Ergebnisse des ExpertInneninterviews vorgestellt.

Die PR-Beauftragte der ÖGO bestätigte, dass nicht alle geplanten PR-Maßnahmen zum jetzigen Zeitpunkt umgesetzt wurden. Der Ausbau der Homepage konnte zum Teil erreicht werden, die Verbesserung des Google-Rankings und der Eintrag der ÖGO auf Wikipedia stehen jedoch noch aus (Z8-22). Als Hauptgrund hierfür nennt die Expertin Zeitmangel (Z27). Verändert wurden die PR-Maßnahmen der ÖGO jedoch seit 2009 nicht (Z45).

Die Österreichische Gesellschaft für Osteopathie setze sich 2009 einen Zeitraum von 6-8 Monaten zur Umsetzung des PR-Projektes (Z57). Dieser Zeitraum konnte nur teilweise eingehalten werden, bei den meisten festgelegten PR-Instrumenten wurde die Zeitspanne um etwa zwei bis drei Jahre überschritten (PatientInnen-Folder, Homepage), andere sind bis zum heutigen Zeitpunkt noch nicht umgesetzt worden (Z68-79). Als Grund hierfür gibt die Interviewte mangelnde Zeit des PR-Teams an (Z82).

Das Budget wurde von der ÖGO mit einer Höhe von 10.000 Euro festgelegt (Z86). Die PR-Beauftrage der ÖGO räumte jedoch ein, dass dieser Betrag um etwa 2.000 Euro überschritten wurde (Z91). Die Mehrausgaben lassen sich in erster Linie in den Bereichen Personal und Material finden (Z99-102).

Mit den personellen und auch technischen Ressourcen hinsichtlich der zu leistenden Aufgaben des PR-Teams zeigt sich die PR-Beauftrage der ÖGO zufrieden und sieht keine Verbesserungsmöglichkeiten (Z107-112).

Auch die soziale Situation beurteilt die Interviewte sehr positiv – sowohl innerhalb der ÖGO als auch innerhalb des PR-Teams (Z116-120). Das Team erfährt Lob von den anderen MitarbeiterInnen (Z135) und ist auch selbst mit der Umsetzung und Gestaltung des PR-Programmes zufrieden (Z126). Von Seiten anderer MitarbeiterInnen gibt es keine Kritik, selbst sieht die PR-Beauftragte jedoch den Schwachpunkt hinsichtlich der zeitlichen Umsetzung (Z148-157).

Unerwartete Reaktionen traten lediglich von externer Seite auf (Z162), nicht jedoch innerhalb der ÖGO selbst (Z164). Weitere Information zur Art der Reaktion wurde von Seiten der Interviewten nicht gegeben (Z167).

Die standardisierte Checkliste, die ebenfalls zur Prozessevaluation herangezogen wurde, verdeutlicht die Ergebnisse des ExpertInneninterviews:

		Nicht relevant	Nicht planmäßig	Teilweise im Plan	planmäßig
Maßnahmen	Durchgeführt			✓	
	Konzept			✓	
	Zeitliche Planung			✓	
	Finanziell		✓		
	Ressourcen				✓
Zeitplan	Gesamtprojektdauer		✓		
	Personalstunden		✓		
	Meilensteine	✓			
Budgetplan	Kostenverlaufsplan		✓		
	Gesamtkosten		✓		
	Materialkosten		✓		
	Personalkosten		✓		
	Produktionskosten				✓
	Ev. Reisekosten	✓			
	Andere Kosten	✓			
Ressourcenplan	Personal Quantität		✓		
	Personal Qualität				✓
	Information Quantität		✓		
	Information Qualität		✓		
	Technik Quantität				✓
	Technik Qualität				✓

Abbildung 9: Checkliste Prozessevaluation, ausgefüllt (eigene Darstellung)

6.1.3 Ergebnisse der instrumentellen Evaluation

Die instrumentelle Evaluation erfolgte mittels einer Beobachtung, Frequenzanalyse und eines Fragebogens, der ebenfalls von eine/r unabhängigen PR-Fachfrau/mann bearbeitet wurde.

Da sowohl bei einem Teil der Beobachtung als auch bei der Frequenzanalyse und beim ExpertInnen-Fragebogen die Online-Präsenz der ÖGO im Zentrum stand, werden zu Beginn jene Ergebnisse präsentiert, die sich mit den Bereichen ‚Homepage/Wikipedia/Google' beschäftigen – der erste Teil der Beobachtung, Frequenzanalyse und ein Teil des Fragebogens. Darauf folgen dann die weiteren Ergebnisse der Beobachtung – die Entwicklung der Mitgliederzahlen seit 2009 – und die Auswertung der qualitativen Prüfung der beiden Folder.

Das Diagramm zeigt die Ergebnisse der Beobachtung (aus externe Sicht) hinsichtlich der Bereiche Homepage-Wikipedia-Google und unterscheidet in jene PR-Projekte, die von der ÖGO geplant und auch durchgeführt wurden (vorhanden) und in jene, die zwar geplant, jedoch nicht durchgeführt wurden (nicht vorhanden).

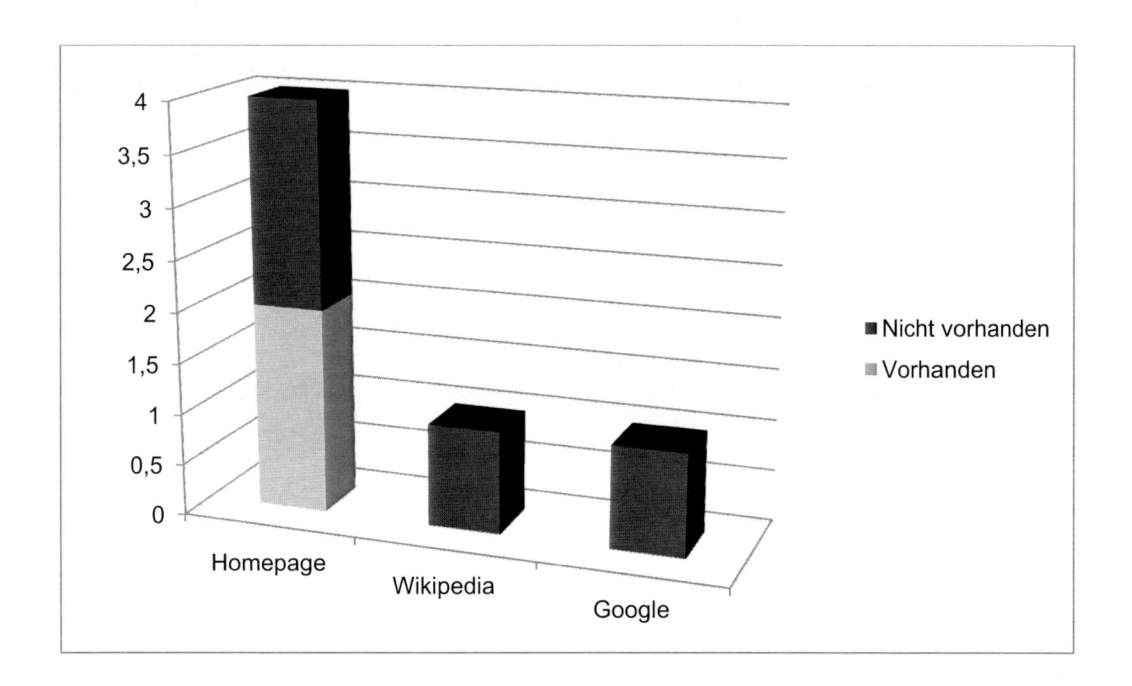

Abbildung 10: Diagramm Beobachtung zur instrumentellen Evaluation (eigene Darstellung)

Der Bereich Homepage lässt sich noch in folgende Unterpunkte teilen: Präsentationsplattform für Mitglieder, Zugang zu osteopathisch relevanten Studien, FAQ-Bereich und Online-Shop:

HP-Bereich	Durchgeführt/vorhanden	Nicht durchgeführt/nicht vorhanden
Präsentationplattform für Mitglieder		√
Online-Shop	√	
FAQ-Bereich	√	
Zugang zu Studien		√

Abbildung 11: Beobachtung Homepage, instrumentelle Evaluation (eigene Darstellung)

Es zeigt sich, auch die Analyse aus externer Sicht ergab, dass lediglich die Bereiche Online-Shop und FAQ-Bereich umgesetzt wurden, die anderen PR-Projekte (Präsentationsplattform für Mitglieder, Zugang zu Studien, Eintrag auf Wikipedia, Verbesserung des Google-Rankings) jedoch (noch) nicht auf der Homepage zu finden sind. Interne und externe Sicht stimmen in diesen Bereich somit stark überein.

Inwieweit die Homepage der ÖGO (und dementsprechend diese beiden umgesetzten Bereiche) nun auch von Mitgliedern, Nicht-Mitgliedern [7] und (potentiellen) PatientInnen genutzt wird, zeigen die nun folgenden Statistiken der Frequenzanalyse.

Die Tabelle zeigt die Besuche auf der Homepage der ÖGO von April 2011 bis März 2012. Entscheidend sind hierbei die Daten ‚sites', ‚visits' und ‚pages'. Unter ‚sites' werden all jene internetfähige Geräte[8] gezählt, die auf die Homepage der ÖGO zugreifen. ‚Visits' beschreibt die Anzahl der Besuche auf der gesamten Homepage der ÖGO, wobei ein/e BesucherIn erneut gezählt wird, sollte sie/er die Seite nach dreißigminütiger Abwesenheit nochmals besuchen. ‚Pages' beschreibt weiters, wieviele Seiten und Unterseiten auf der Homepage der ÖGO besucht wurden.

---

[7] Nicht-Mitglieder bezeichnet jene OsteopathInnen, die keine Mitglieder der ÖGO sind.
[8] Unter internetfähigen Geräten werden PCs, Laptops, Netbooks, Tablets, TV-Geräte und Mobiltelefone verstanden.

Month	Daily Avg				Monthly Totals					
	Hits	Files	Pages	Visits	Sites	KBytes	Visits	Pages	Files	Hits
Mar 2012	1946	1268	765	133	1410	602578	2410	13783	22839	35045
Feb 2012	1848	1316	719	136	2066	1027110	3967	20860	38182	53620
Jan 2012	2048	1554	948	163	2274	1226895	5079	29390	48186	63517
Dec 2011	1367	1014	626	134	1926	864214	4181	19406	31439	42379
Nov 2011	1716	1267	706	143	2143	1021807	4304	21181	38020	51498
Oct 2011	1862	1369	734	142	2200	1077241	4426	22767	42459	57723
Sep 2011	1803	1327	707	127	1883	957768	3826	21235	39823	54097
Aug 2011	4542	1203	3576	139	2080	1006834	4338	110871	37298	140805
Jul 2011	1694	1243	785	147	1982	1041969	4570	24350	38542	52537
Jun 2011	1754	1237	773	163	1891	1007237	4908	23199	37139	52632
May 2011	1635	1239	743	146	1995	993197	4540	23047	38420	50703
Apr 2011	1452	1043	583	130	1743	924434	3914	17517	31292	43560
Totals						11751284	50463	347606	443639	698116

Abbildung 12: Frequenzanalyse Homepage ÖGO (online abrufbar, 2012)

Die qualitative Analyse der Homepage zeigt, dass Inhalt, Zielgruppenspezifität und auch Kontakt gut umgesetzt wurden. Die Aktualität und das Layout jedoch konnten nicht überzeugen. Beim Punkt ‚Organisatorisches' sind zwar Grunddaten auf der Homepage zu finden – es fehlen jedoch ein fact sheet zur Osteopathie und Kontaktdaten für Pressebeauftragte. Die Tabelle und die Kennwerte verdeutlichen dies:

	Gar nicht	kaum	gut	Sehr gut	Pkt.	Max. Pkt.	Score
Punkte	(0)	(1)	(2)	(3)			
Homepage							
Aktualität		1					
Inhalt				3			
Zielgruppenspezifisch				3			
Layout/Graphik		1					
Information			2				
Organisatorisches (Kontakt, etc.) da			2				
Homepage PUNKTZAHL					12	18	67%

Abbildung 13: Checkliste Instrumentelle Evaluation HP, ausgefüllt (eigene Darstellung)

Zusammenfassend lässt sich zum Online-Auftritt der ÖGO sagen, dass noch nicht alle Bereiche umgesetzt wurden. Jene Teilgebiete, die bereits entwickelt wurden, überzeugen teilweise.

Wirft man einen Blick auf die Mitgliederzahlen der Österreichischen Gesellschaft für Osteopathie seit 2009, zeigt sich folgendes Bild:

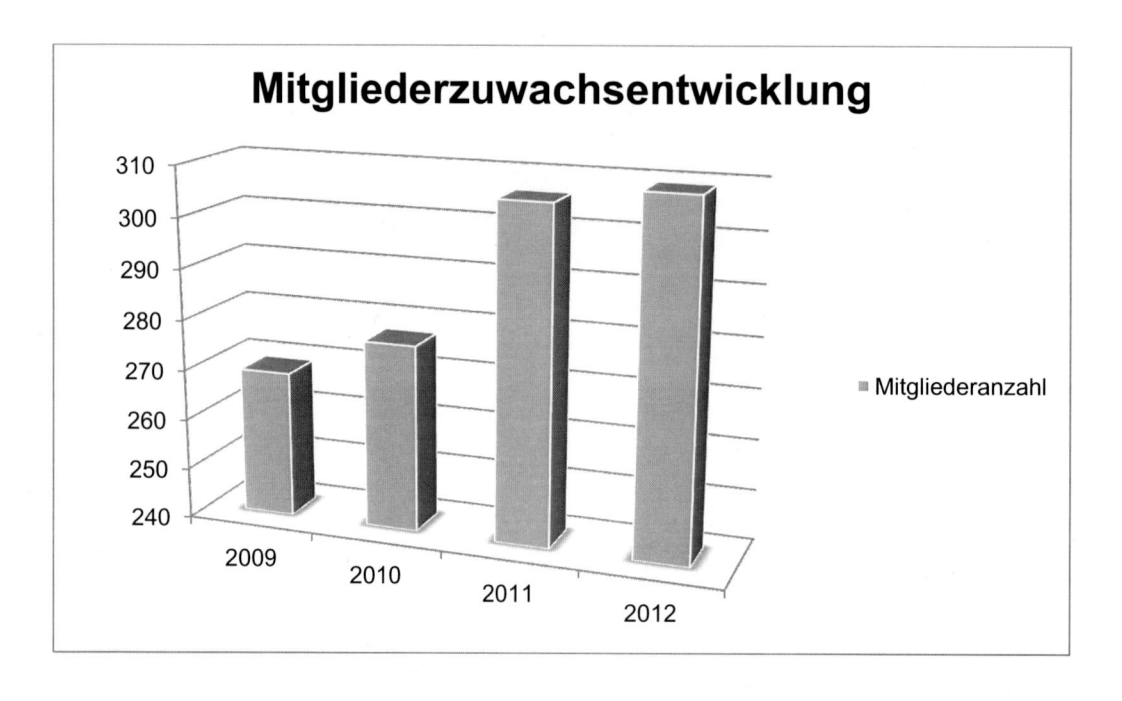

Abbildung 14: Mitgliederzuwachsentwicklung (eigene Darstellung)

Das Diagramm zeigt die Entwicklung der Mitgliederzahlen der Österreichischen Gesellschaft für Osteopathie von 2009 bis zum heutigen Zeitpunkt. 2009 wurde als Ausgangspunkt der Beobachtung gewählt, da das PR-Konzept der ÖGO auch diesem Jahr entstammt. 2009 belief sich die Mitgliederzahl der ÖGO auf 269 OsteopathInnen. Im Folgejahr konnte die ÖGO einen Zuwachs von 8 Mitgliedern auf 277 verzeichnen. Das entspricht 2,97%. Von 2010 auf 2011 stieg die Mitgliederzahl um 10,5% von 277 auf 306 (+29). Im ersten Quartal des Jahres 2012 konnte die ÖGO *drei neue Mitglieder* gewinnen (Zuwachs von 0,98%) – der aktuelle Stand lieg somit bei 309 und lässt für as gesamte Jahr 2012 einen Zuwachs von etwa 12 Mitgliedern erwarten.

Auch die Folder wurden mittels einer standardisierten Checkliste von einer unabhängigen PR-Fachfrau evaluiert. Beide Folder schnitten hierbei mittelmäßig ab. Hauptkritikpunkt war – wie auch schon bei der Evaluierung der Homepage – die mangelnde Aktualität. Überzeugen konnte nur die Rubrik ‚Organisatorisches', alle anderen Bereiche wurden mit ‚gut' beurteilt.

	Gar nicht	kaum	gut	Sehr gut	Pkt.	Max. Pkt.	Score
Punkte	(0)	(1)	(2)	(3)			
Folder PatientInnen							
Aktualität		1					
Inhalt			2				
Zielgruppenspezifisch			2				
Layout/Graphik			2				
Information			2				
Organisatorisches (Kontakt, etc.) da				3			
Folder Pat. PUNKTZAHL					12	18	67%
Folder Mitglieder							
Aktualität		1					
Inhalt			2				
Zielgruppenspezifisch			2				
Layout/Graphik			2				
Information			2				
Organisatorisches (Kontakt, etc.) da				3			
Folder MG PUNKTZAHL					12	18	67%

Abbildung 15: Checkliste Instrumentelle Evaluation Folder, ausgefüllt (eigene Darstellung)

Fasst man nun die Rubriken der instrumentellen Evaluation zusammen, zeigt sich, dass sowohl die beiden Folder als auch die Homepage 67 von 100% erreichen konnten. Ein weiterer Bereich der instrumentellen Evaluation – die allgemeine Maßnahmenkontrolle – wurde ebenfalls mit 67% beurteilt. Ein Schwachpunkt zeigte sich jedoch beim Punkt ‚Platzieren der Botschaften'. Die Maßnahmen der ÖGO sind passend – die dahinterstehenden Botschaften jedoch nicht klar definiert, speziell bei den beiden Foldern.

	Gar nicht	kaum	gut	Sehr gut	Pkt.	Max. Pkt.	Score
Punkte	(0)	(1)	(2)	(3)			
Allgemeine Maßnahmenkontrolle							
Aktuell			2				
Zielgruppenspezifisch				3			
Zielgruppen erreicht			2				
Botschaft platziert		1					
Aufmerksamkeitswert			2				
Erinnerungswert			2				
Corporate Identity			2				
Allgemein PUNKTZAHL					14	21	67%
HP PUNKTZAHL					12	18	67%
Folder Pat. PUNKTZAHL					12	18	67%
Folder MG PUNKTZAHL					12	18	67%
GESAMT PUNKTZAHL					50	75	67%

Abbildung 16: Checkliste Instrumentelle Evaluation gesamt, ausgefüllt (eigene Darstellung)

6.2 Die Gesamtergebnisse

Im folgenden Kapitel werden die Gesamtergebnisse der PR-Evaluation präsentiert. Die Ergebnisse der einzelnen Phasen werden verbunden und mit einander in Bezug gesetzt.

Zu Beginn werden nochmals die Forschungsfragen, die dieser Arbeit zu Grunde liegen, in Erinnerung gerufen:

Inwiefern eignen sich die von der ÖGO geplanten PR-Projekte zur Umsetzung jener Ziele, die sich die ÖGO hinsichtlich ihrer PR setzt?

Subfragen:

- Welche PR-Ziele und Zielgruppen der PR formuliert die ÖGO?
- Inwieweit entsprechen die formulierten Ziele den angesprochenen Zielgruppen?
- Welche Maßnahmen und Instrumente plant die ÖGO zur Erfüllung/Erreichung dieser Ziele?

Die PR-Evaluation hat gezeigt, dass der Hauptkritikpunkt am Projekt der ÖGO das vorab erstellte Konzept ist. Mit lediglich 38% scheint hier die größte Schwachstelle zu liegen. Die darauf aufbauenden Instrumente, die die ÖGO zur Erreichung ihrer Ziele gewählt hat, konnten mit 67% zwar nicht überzeugen, liegen jedoch im Mittelfeld. Die folgende Tabelle veranschaulicht diese Werte:

Ergebnis Kennwert	Hauptkennwert	Oberkennwert	Leitkennwert	Kennwert
PR-ERFOLG	Effekt	Instrumentelle Evaluation	PR-Maßnahmen	teilweise
			Frequenzanalyse	
			HP-Qualität	67%
			Folder Pat.	67%
			Folder MG	67%
			Mitgliederzahl	~
	Investition	Prozessevaluation	PR-Maßnahmen	~
			Zeit	-
			Kosten	-
			Ressourcen	~
			Soziales	+
			Randerscheinungen	+
		Konzeptionsevaluation	PR-Situation	28%
			PR Strategie	46%
			PR Taktik	37%

Abbildung 17: Gesamtergebnisse (eigene Darstellung)

Die Tabelle zeigt einen Vergleich zwischen jenen Mitteln, die in das PR-Projekt investiert wurden und dem Effekt dieser Mittel. Die Bereiche der Konzeptionsevaluation und der Prozessevaluation gehören hierbei dem Bereich der Investition an, die Instrumentelle Evaluation zeigt den Effekt dieser Mittel. Zusammengefasst können diese beiden einen Rückschluss auf den Erfolg des PR-Projektes geben.

Vor der Diskussion dieser Ergebnisse im folgenden Kapitel sollen nun die Forschungsfragen dieser Arbeit unter Bezugnahme auf das theoretische Hintergrundwissen und die erhobenen Daten beantwortet werden:

Welche PR-Ziele und Zielgruppen der PR formuliert die ÖGO?
Die ÖGO definiert folgenden Zielgruppen: interne Öffentlichkeit, Kern-Öffentlichkeit, Fach-(politische) Öffentlichkeit und Medienöffentlichkeit. Die interne Öffentlichkeit soll hierbei an den Verein gebunden und zur aktiven Mitarbeit und Förderung motiviert werden. Bei der Kern-Öffentlichkeit sollen sowohl Mitglieder als auch PatientInnen geworben und auch informiert werden. Um die gesetzliche Reglementierung und Anerkennung zu erreichen, versucht die ÖGO die Fach-(politische) Öffentlichkeit anzusprechen. Auch die Medienöffentlichkeit ist eine Zielgruppe der ÖGO, wobei hierzu kein näheres konkretes Ziel festgelegt wurde.

Inwieweit entsprechen die formulierten Ziele den angesprochenen Zielgruppen?
Die formulierten Ziele ‚Motivation zur aktiven Mitarbeit und Förderung, Bindung an den Verein' bzw. ‚Werbung von Mitgliedern und PatientInnen' sowie ‚Information von PatientInnen' entsprechen den zugeordneten Zielgruppen ‚interne Öffentlichkeit' bzw. ‚Kern-Öffentlichkeit'. Auch das Ziel der ‚gesetzlichen Reglementierung und Anerkennung der Osteopathie' stimmt mit der definierten Zielgruppe (Fach-politische Öffentlichkeit) überein, jedoch legt die ÖGO hierfür kein Instrument fest. Für die Zielgruppe ‚Medienöffentlichkeit' formuliert die Österreichische Gesellschaft für Osteopathie kein konkretes Ziel.
Ein weiterer Schwachpunkt liegt in den oft unklar definierten Botschaften, die an die jeweilige Zielgruppe transportiert werden soll.

Welche Maßnahmen und Instrumente plant die ÖGO zur Erfüllung/Erreichung dieser Ziele?
Die Österreichische Gesellschaft für Osteopathie möchte Mitgliedern die Möglichkeit zur Präsentation auf der Homepage der ÖGO geben. Weiters sollen ein Online-Shop und wissenschaftlichen osteopathischen Studien für Mitglieder zugänglich sein. Für Nicht-Mitglieder und PatientInnen wurden Folder entwickelt, aber auch die Homepage soll für diese beiden Zielgruppen erweitert werden (FAQ-Bereich). Ein Eintrag auf Wikipedia und die Verbesserung des Google-Rankings zählen auch zu den geplanten Instrumenten der ÖGO. Abschließend stellen öffentliche Präsentationen, beispielsweise beim Wiener Schmerztag, eine wichtige Maßnahme der PR dar. Für JournalistInnen plant das PR-Team der ÖGO eine Pressemappe.

Inwiefern eignen sich die von der ÖGO geplanten PR-Projekte zur Umsetzung jener Ziele, die sich die ÖGO hinsichtlich ihrer PR setzt?

Zusammenfassend lässt sich sagen, dass die geplanten PR-Projekte der ÖGO großteils den vorab definierten Zielen entsprechen und sich zu deren Umsetzung eignen. Das Hauptziel der ÖGO – die Anerkennung und gesetzliche Reglementierung der Osteopathie in Österreich – scheint durch die geplanten Projekte jedoch nicht umsetzbar bzw. scheint dieses Ziel in der Planung der Öffentlichkeitsarbeit der ÖGO zwar auf, wird jedoch nicht mit konkreten Instrumenten verfolgt.

7 Diskussion

Zu Beginn werden nun die wesentlichen Ergebnisse der PR-Evaluation in aller Kürze zusammengefasst, um sie anschließend zu diskutieren und zu interpretieren.

Das Konzept des PR-Projektes der ÖGO zeigt aufgrund von unzureichenden Definitionen und Formulierungen – besonders hinsichtlich der Botschaften, die die ÖGO vermitteln möchte, die größten Schwächen. Aber auch bei der Umsetzung gibt es Probleme, vor allem im Bereich der zeitlichen Ressourcen. Jene Maßnahmen, die bereits gesetzt wurden, können zwar nicht vollkommen überzeugen, erreichen jedoch die gewünschte Zielgruppe gut.

Die Konzeptionsevaluation zeigte, dass die ÖGO vorab keine Situationsanalyse vornimmt, um die momentane Position und Situation der ÖGO innerhalb der angesprochenen Zielgruppen zu erfahren. Dies erschwert natürlich die konkrete Zielsetzung: wenn man nicht weiß, wo man steht, ist ein Startschritt schwierig. Eine grundlegende Vorgabe zur Formulierung konkreter Ziele ist weiters die Festlegung der Zielgruppen. Doch auch hier zeigt das PR-Konzept der ÖGO Schwächen. Zwar legt die ÖGO einige Zielgruppen fest, eine konkrete Zuordnung und Unterscheidung innerhalb dieser Gruppen bleibt jedoch aus. Auch zu den Botschaften, die die ÖGO an diese Zielgruppen transportieren will, gibt es keine einheitlich klare Definition. Zusammengefasst kann man nun sagen, die ÖGO legt nicht deutlich fest, was mit den gesetzten Methoden erreicht werden soll – Wer ist die ÖGO? Was will die ÖGO? Welche Botschaften sollen wie an welche Zielgruppe transportiert werden? Welchen Benefit haben Mitglieder und (potentielle) PatientInnen durch die ÖGO? Außerdem ist das eigentliche Hauptziel der Österreichischen Gesellschaft für Osteopathie – die gesetzliche Reglementierung und Anerkennung der Osteopathie in Österreich – im PR-Konzept nahezu nicht berücksichtigt. Weder Teilziele noch Instrumente oder konkrete Zielgruppen zu dieser Thematik werden im Konzept der ÖGO geplant. Dementsprechend werden auch keine konkreten Instrumente durchgeführt, die das Erreichen dieses Zieles unterstützen.

Die Prozessevaluation zeigte, dass sowohl im Ressourcen- als auch im Budgetplan – in erster Linie jedoch im Zeitplan – das Konzept der ÖGO nicht eingehalten werden konnte. Überraschend hierbei ist jedoch, dass sich die PR-Beauftragte der ÖGO trotzdem mit den personellen Ressourcen zufrieden zeigt.

Aufbauend auf diesen Erkenntnissen erstaunt das gute Abschneiden der Instrumente des PR-Konzeptes der ÖGO etwas. Diese erreichen die Zielgruppen gut, Hauptkritikpunkt waren hier mangelnde Aktualität und fehlende Originalität. Doch auch ein Blick auf die Mitgliederzahl der ÖGO zeigt, dass hier offenbar Handlungsbedarf besteht. Es scheint, als könne die Österreichische Gesellschaft für Osteopathie nur wenige OsteopathInnen zur Mitgliedschaft bei der ÖGO motivieren. Nach einem guten Zuwachs 2011 (+29) konnten bisher nur drei neue Mitglieder geworben werden (laut Hochrechnung also 12 im gesamten Jahr). Dies entspricht jedoch auch der schon erwähnten Kritik: welchen Benefit hätten die OsteopathInnen durch eine Mitgliedschaft bei der ÖGO? Was bietet die ÖGO ihren Mitgliedern? Oder weiß die ÖGO selbst nicht, was sich Mitglieder wünschen? Auch hier wäre die Situationsanalyse vorab hilfreich.

Ruft man sich nochmals die Tabelle der Gesamtergebnisse mit der Gegenüberstellung von Investition und Effekt in Erinnerung, scheint der Weg einfach: Um einen verbesserten Effekt erzielen zu können, muss die Investition in das PR-Projekt angepasst werden. Diese Verbesserungsvorschläge stehen nun im folgenden Kapitel im Zentrum.

8 Empfehlungen zur Verbesserung der Öffentlichkeitsarbeit der ÖGO

Wie die Ergebnisse und deren Diskussion schon zeigten, liegen die größten Verbesserungsmöglichkeiten der Öffentlichkeitsarbeit der ÖGO in der Durchführung einer Situationsanalyse vor Beginn eines neuen PR-Projektes und in der Festlegung eines konkret formulierten Konzeptes. Die Österreichische Gesellschaft für Osteopathie muss sich klar werden, welche Botschaften zu welcher Zielgruppe transportiert werden sollen und was diese Botschaften bei der entsprechenden Zielgruppe bewirken sollen. Die Situationsanalyse kann sowohl bei der Formulierung dieser Botschaften und Ziele als auch bei deren Durchführung helfen. Ein weiterer Teil der Situationsanalyse kann die Meinungsbefragung der Zielgruppen zur Österreichischen Gesellschaft für Osteopathie sein. Diese Befragung ermöglicht als Kontrolle nach der Durchführung des PR-Projektes eine Einstellungsevaluation, die wegweisend für die weitere Öffentlichkeitsarbeit der ÖGO sein kann.

Wie der Theorieteil der Arbeit aufzeigte, können vielfältige Instrumente zur Erreichung der Ziele eines PR-Konzeptes eingesetzt werden bzw. kann auch ein Instrument mehrere Teilöffentlichkeiten ansprechen. Die strikte Zuordnung ‚Zielgruppe-Ziele-Instrumente' der Österreichischen Gesellschaft für Osteopathie, die in Kapitel 4.2.3 vorgestellt wurde, birgt die Gefahr, dass diese offene Herangehensweise verloren geht. Dementsprechend wäre folgende Zuordnung ratsam:

Instrument	Interne Öffentlichkeit	Kern-Öffentlichkeit	Fach-(politische) Öffentlichkeit	Medienöffentlichkeit
HP-Präsentation	x			
Online-Shop	x			
Studienzugang	x			
FAQ-Bereich		x	x	x
Wikipedia		x	x	x
Google-Ranking		x	x	x
PatientInnenfolder		x	x	
Mitgliederfolder	x	x		
Öffentl. Präsentationen	x	x	x	x
Pressemappe				x

Abbildung 18: Darstellung Zielgruppen-Instrumente (eigene Darstellung)

Somit lässt sich folgende Handlungsempfehlung ableiten: da die Situationsanalyse nicht mehr *vor* der Planung und Durchführung des PR-Projektes durchgeführt werden kann, bietet es sich an, die Situationsanalyse im Laufe des Projektes zu starten und den weiteren Verlauf an die Ergebnisse der Analyse anzupassen. Eine mögliche Überarbeitung der Homepage und der beiden Folder mit der Integration der essentiellen Botschaften sowie die weitere Verfolgung der noch nicht erreichten Ziele stehen hier zu Beginn. Aber auch die Auseinandersetzung mit der Presse – und dies mit einem konkret formulierten Ziel – muss Teil des überarbeiteten PR-Projektes sein. In weiterer Folge sollte das Hauptziel der ÖGO – die Anerkennung und gesetzliche Reglementierung der Osteopathie in Österreich – in das PR-Projekt der ÖGO integriert werden.

Die neue, offene Zuordnung von Zielgruppen und Instrumenten kann hierbei ein wichtiger Schritt sein. Es eröffnen sich so weitere Wege, um beispielsweise die Medienöffentlichkeit vermehrt anzusprechen oder die Fach-(politische) Öffentlichkeit auf die ÖGO aufmerksam zu machen. Nach einer konkreten Formulierung der Botschaften können diese auch den einzelnen Instrumenten zugeordnet und so ihre Effizienz erhöht werden.

9 Abschließende Bemerkungen

Zusammenfassend sollen die wesentlichen Erkenntnisse dieser Arbeit nochmals hervorgehoben und auch der Forschungsprozess reflektiert werden. Ein kurzer Ausblick in etwaige Folgen und Auswirkungen bildet den Abschluss dieser Untersuchung.

9.1 Rückblick

Zu Beginn wurde ein grundlegender Einblick in die Öffentlichkeitsarbeit gegeben. Neben einer Begriffsdefinition wurden Zielgruppen, Ziele und mögliche Instrumente der PR vorgestellt und in Bezug zu einander gebracht. Es zeigte sich, dass die konkrete Festlegung von Zielgruppe, entsprechender Ziele und passender Methoden das Um und Auf erfolgreicher Öffentlichkeitsarbeit darstellt. In einem Exkurs wurde die Sonderstellung der Online-Kommunikation herausgearbeitet.

Das dritte Kapitel beschäftigte sich mit einem essentiellen Bestandteil der Öffentlichkeitsarbeit: der PR-Evaluation. Verschiedene Methoden dieser Überprüfung wurden vorgestellt und anhand dieser auch Für und Wider der Evaluation diskutiert. Diese Diskussion rechtfertige die Wahl des integrierten Modells nach Besson für diese Studie.

Im Zentrum des vierten Kapitels stand die Österreichische Gesellschaft für Osteopathie und vor allem auch im Speziellen die Öffentlichkeitsarbeit der ÖGO. Analog zum zweiten Kapitel wurden auch hier Zielgruppen, Ziele und Instrumente der PR beleuchtet.

Das Forschungsdesign mit der detaillierten Beschreibung des integrierten PR-Evaluationsmodells und einer Erläuterung der Datengewinnung und -auswertung wurde in Kapitel fünf erläutert. Eine Reflexion dieses Forschungsprozesses folgt im kommenden Abschnitt.

9.2 Reflexion des Forschungsprozesses

Die Wahl des integrierten PR-Evaluationsmodells nach Besson bewährte sich im Laufe des Forschungsprozesses etliche Male. Der Baukasten-artige Aufbau ermöglichte es, optimal auf die Öffentlichkeitsarbeit der Österreichischen Gesellschaft für Osteopathie einzugehen und jede Facette möglichst gut zu erfassen. Die Kombination aus den verschiedensten Evaluationsinstrumenten (standardisierte Checklisten, ExpertInneninterview, Beobachtung, Frequenzanalyse) lieferte ein breites Spektrum an Daten, das einen umfassenden Blick auf das PR-Konzept der ÖGO und dessen konkrete Umsetzung bot. Diese ‚Freiheit' stellte mich zu Beginn jedoch auch vor Schwierigkeiten, da die korrekte Wahl der passenden Methode und auch die angemessene Kombination dieser Methoden entscheidend für den Forschungsprozess sind. Dank der Beratung erfahrener PR-Fachfrauen und -männer konnte ich dieses Problem jedoch lösen und treffende Instrumente wählen.

Die bereits erwähnte Herausforderung des Zeitdrucks bei ExpertInneninterviews stellte eine Schwierigkeit bei der Datenerhebung dar. Der oftmalige Hinweis in einschlägiger Fachliteratur, den Leitfaden des Interviews möglichst strukturiert zu halten und das Interview auf das reine ExpertInnenwissen zu beschränken, ließ mich jedoch vorbereitet in diese Interview-Situation gehen.

Ein Schwachpunkt bei der Methode des integrierten PR-Evaluationsmodells nach Besson scheint mir die Beantwortung der Checklisten durch lediglich eineN PR-Fachfrau/mann. Für weitere Forschungsvorhaben wäre ein möglicher Verbesserungsvorschlag, die Checklisten von mehreren PR-Fachleuten bearbeiten zu lassen, um ein breites Spektrum an ExpertInnenmeinungen sammeln zu können.

Zusammenfassend lässt sich festhalten, dass der Forschungsprozess komplikationslos durchgeführt werden konnte. Entscheidend hierfür war nicht nur die bereits erwähnte fachliche Unterstützung durch PR-Fachleute, sondern auch die aktive Mithilfe und Mitarbeit der Österreichischen Gesellschaft für Osteopathie.

9.3 Die wichtigsten Ergebnisse im Überblick

Die PR-Evaluation nach Besson zeigte, dass das Konzept der ÖGO die größte Schwachstelle des PR-Projektes darstellt. Unklare Definitionen hinsichtlich der Zielgruppen, der passenden Ziele und vor allem der Botschaften erschweren die optimale Umsetzung geeigneter Methoden. Auch die mangelnde Plantreue hinsichtlich der zeitlichen Ressourcen ist ein Hauptproblem des PR-Projektes der Österreichischen Gesellschaft für Osteopathie. Durch eine Überarbeitung des PR-Konzeptes und eine Anpassung des Projektes hinsichtlich einer Situationsanalyse können größere Erfolge erzielt und die Botschaften optimal zu den entsprechenden Zielgruppen transportiert werden. Auch eine abschließende Einstellungsevaluation zur Überprüfung der gesetzten Maßnahmen wäre so möglich und könnte Aufschlüsse zu weiteren PR-Projektes geben.

9.4 Ausblick

Diese Arbeit stellt einen ersten Punkt der Evaluation des PR-Projektes der Österreichischen Gesellschaft für Osteopathie dar. Aufbauend auf den Erkenntnissen dieser Studie kann die Öffentlichkeitsarbeit der ÖGO fortan professioneller gestaltet werden und die Aspekte der Situationsanalyse, der konkreten Formulierungen und Definitionen und auch der abschließenden Einstellungsevaluation berücksichtigt werden. Das Problem der zeitlichen Ressourcen kann durch zusätzliche Mitarbeiter bei der Arbeitsgruppe zur PR einfach gelöst werden, um so professionelle, zielgruppenorientierte und Botschaften-treue Öffentlichkeitsarbeit zu garantieren.

Literaturverzeichnis

Baerns, Barbara: Einleitung. In: Baers, Barbara (Hrsg.): PR-Erfolgskontrolle. Frankfurt/Main: IMK, 1995, 20-25

Bentele, Günter: Einführung in die Thematik. In: GPRA Arbeitskreis Evaluation (Hrsg.): Evaluation von Public Relations – Dokumentation einer Fachtagung. Frankfurt/Main: IMK,1997, 16-20

Besson, Nanette A.: Strategische PR-Evaluation. Erfassung, Bewertung und Kontrolle von Öffentlichkeitsarbeit. Wiesbaden: VS Verlag, 2004, 2. Auflage

Bogner, Alexander; Menz, Wolfgang: Das theoriegenerierte Experteninterview – Erkenntnisinteresse, Wissensform, Interaktion. In: Bogner Alexander; Littig Beate; Menz, Wolfgang (Hrsg.): Das Experteninterview –Theorie, Methode, Anwendung. Opladen: Leske & Budrich, 2002, 33-70

Bogner, Franz M.: Das Neue PR-Denken. Strategien, Konzepte, Aktivitäten. Wien: Wirtschaftsverlag Ueberreuter, 1999, 3. Auflage

Bortz, Jürgen; Döring, Nicola: Forschungsmethoden und Evaluation für Sozialwissenschaftler. Berlin: Springer, 2. Auflage

Bortz, Jürgen; Döring, Nicola: Forschungsmethoden und Evaluation. Für Human- und Sozialwissenschaftler. Berlin und Heidelberg: Springer, 2009

Brauer, Gernot: ECON Handbuch Öffentlichkeitsarbeit. Düsseldorf: ECON, 1993

Brömmling, Ulrich: Grundlagen der Nonprofit-PR. In: Brömmling, Ulrich (Hrsg.): Nonprofit-PR. Konstanz: UVK, 2010a, 2. Auflage, 15-28

Brömmling, Ulrich: Dimensionen der Kommunikation. In: Brömmling, Ulrich (Hrsg.): Nonprofit-PR. Konstanz: UVK, 2010b, 2. Auflage, 34-64

Brömmling, Ulrich: Öffentlichkeitsarbeit. In: Brömmling, Ulrich (Hrsg.): Nonprofit-PR. Konstanz: UVK, 2010c, 2. Auflage, 114-117

Brömmling, Ulrich: Vereine, Stiftungen und Gemeinden als Marke. In: Brömmling, Ulrich (Hrsg.): Nonprofit-PR. Konstanz: UVK, 2010d, 2. Auflage, 169-171

Broom, Glen M.; Dozier, David M: Using Research in Public Relations. New Jersey: Englewood Cliffs, 1990

Bruhn, Manfred: Integrierte Unternehmenskommunikation. Stuttgart: Schäfer Poschel, 1995

Burkart, Roland; Stalzer, Lieselotte: Qualitätsdiskussion in der Öffentlichkeitsarbeit. In: PR Guide Online Februar 2002. URL unter www.pr-guide.de/onlineb/p020204.htm

Cutlip, Scott; Center, A.; Broom, Glen: Effective Public Relations. New Jersey: Prentice Hall, 1994, 7. Auflage

Eckardstein, Dudo von; Mayerhofer, Helene: Personalstrategien für Ehrenamtliche. In: ZfP 03/2001, 225-243

Fairchild, Michael: How to get Value from Public Relations. London: ICO, 1997

Femers, Susanne; Klewes, Joachim: Medienresonanzanalysen als Evaluationsinstrument der ÖA. In: Baerns, Barbara (Hrsg.): PR-Erfolgskontrolle. Frankfurt/Main: IMK, 1995, 115-47

Flick, Uwe: Qualitative Sozialforschung. Eine Einführung. Hamburg: rororo. 2007

Franck, Norbert: Praxiswissen Presse- und Öffentlichkeitsarbeit. Ein Leitfaden für Verbände, Vereine und Institutionen. Wiebaden: VS Verlag, 2012, 2. Auflage

Freyer, Verena: Online-Kommunikation. In: Brömmling, Ulrich (Hrsg.): Nonprofit-PR. Konstanz: UVK, 2010, 2. Auflage, 65-87

Grunig, James E.; Hunt, Todd T.: Managing Public Relations. New York u.a.: Holt, Rinehardt and Winston, 1984

Grunig, James E.: Excellence in public relations and communication management. Hillsdale: Lawrence Erlbaum Associates, 1992

Grunig, James E.: Image As an International Public Relations Concept: A Special Issue of the Journal of Public Relations Research. New Jersey: Lawrence Erlbaum Associates, 1996

Jahoda, Marie; Deutsch, M.; Cook, S. M.: Attitude scaling. In: Jahoda, Marie; Warren, E. (Hrsg.): Attitudes. Selected reading. Hamondsworth: Penguin, 1966, 305-324

Klewes, Joachim: Unternehmenskommunikation heute. In: Klewes, Joachim: Vortrag auf der Konferenz ‚Integrierte Unternehmenskommunikation', Bonn: IRR, 1999. URL unter: www.k-brain.de

Lamnek, Siegfries: Qualitative Sozialforschung. Band 1 Methodologie. Landsberg: Beltz, 1995

Lamnek, Siegfried: Beobachtung. In: Hug, Theo (Hrsg.): Wie kommt Wissenschaft zu Wissen? Band 2: Einführung in die Forschungsmethodik und Forschungspraxis. Hohengehren, 2001, 265-281

Lindenmann, Walter: An „Effectiveness Yardstick" to measure Public Relation Success. In: PR Quaterly,1993, Ausgabe 38, 7-9

Macnamara, Jim R.: Evaluation in Public Relations: The Archilles Heel oft he Public Reltions Profession. In: International Public Relations Review. London: IPRA, 1992, Ausgabe 15, 4

Mayerhofer, Helene: Ehrenamtliche als Personal in Non-Profit-Organisationen. In: ZfP 03/2001, 263-281

Mavridis, Thomas: Tu Gutes und rede darüber. 2012 URL unter: http://mavridis.posterous.com/10647047

Mayring, Philip: Qualitative Inhaltsanalyse. In Flick, Uwe (Hrsg.): Qualitative Forschung. Ein Handbuch. Hamburg: Rowolt Taschenbuch Verlag, 6. Auflage, 2008a, 468-475

Mayring, Philip: Qualitative Inhaltsanalyse. Grundlagen und Techniken. Weinheim und Basel: Beltz Verlag, 10. Auflage, 2008b

Meyer, Jens-Uwe: Kreative PR. Konstanz: UvK-Verlag, 2007

Noble, Paul; Watson, Tom: Applying a unified Public Relations Model in a European Context. In: Noble, Paul; Watson, Tom (Hrsg.): Applying a unified Public Relations Model in a European Context. Dokumentation der Konferenz „Transnationale Kommunikation in Europa". Berlin 1999

Pöhacker, Sabine: PR und Werbung: Was ist eigentlich der Unterschied? Wien: Wirtschaftsblatt Verlag. 2011

Österreichische Gesellschaft für Osteopathie: Der Osteopathische Standard: Ein Verhaltenskodex für Mitglieder der Österreichischen Gesellschaft für Osteopathie (ÖGO). 2005. Download unter: http://www.oego.org/cms/index.php?id=50

Österreichische Gesellschaft für Osteopathie: Statuten des Vereins ‚ÖSTERREICHISCHE GESELLSCHAFT FÜR OSTEOPATHIE'. 2007a. Download unter: http://www.oego.org/cms/index.php?id=50

Österreichische Gesellschaft für Osteopathie: Die Ausbildungskriterien der OEGO. 2007b. Download unter: http://www.oego.org/cms/fileadmin/uploads /Formulare/Ausbildungskriterien.pdf

Österreichische Gesellschaft für Osteopathie: Osteopathie in Österreich. 2012a. URL unter: http://www.oego.org/cms/index.php?id=45 (Stand 1.3.2012)

Österreichische Gesellschaft für Osteopathie: Osteopathie in Österreich. 2012b. URL unter: http://www.oego.org/cms/index.php?id=46 (Stand 1.3.2012)

Reineke, Wolfgang; Eisele, Hans: Taschenbuch der ÖA. Public Relations in der Gesamtkommunikation. Heidelberg: Sauer-Verlag. 2000

Rossi, Jim; Freeman, Jody: Evaluation: A systematic Approach. Newburry Park: Sage, 1999, 6. Auflage

Sauvant, Nicola: Professionelle Online-PR. Die besten Strategien für Pressearbeit, Investor Relations, Interne Kommunikation, Krisen-PR. Frankfurt/Main: Campus Verlag , 2002

Steinmann, Horst; Schreyögg, Georg: Management. Grundlagen der Unternehmensführung. Wiesbaden: Gabler, 1990

Watson, Tom: Effects-based Planing in Public Relations. In: DIPR Deutsches Institut für Public Relations e.V. DIPR Intern – Infoletter. DIPR 1997

Weinberger, Anja: Flyer. Optimal texten, gestalten, produzieren. München: Stiebner, 2007.

Wohlfahrt, Ed: Online-PR unter der Lupe. Ed-Relations, 2009. URL unter: http://edrelations.com/2009/05/28/onlinepr-ist-wichtig-ist-onlinepr-wichtig/

Wottawa, Heinrich; Thierau, Heike: Lehrbuch Evaluation. Bern: Huber, 1998

Zedtwitz-Arnim, Georg-Volkmar: Tu Gutes und rede darüber. Berlin: Ullstein, 1961

Abbildungsverzeichnis

Abbildung 1: Brömmling, Ulrich: Interne Kommunikation. In: Brömmling, Ulrich (Hrsg.): Nonprofit-PR. Konstanz: UVK, 2010a, 2. Auflage, 109
Abbildung 2: Brömmling, Ulrich: Dimensionen der Kommunikation. In: Brömmling, Ulrich (Hrsg.): Nonprofit-PR. Konstanz: UVK, 2010b, 2. Auflage, 34-64
Abbildung 3: Franck, Norbert: Praxiswissen Presse- und Öffentlichkeitsarbeit. Ein Leitfaden für Verbände, Vereine und Institutionen. Wiebaden: VS Verlag, 2012, 2. Auflage
Abbildung 4: Noble, Paul; Watson, Tom: Applying a unified Public Relations Model in a European Context. In: Noble, Paul; Watson, Tom (Hrsg.): Applying a unified Public Relations Model in a European Context. Dokumentation der Konferenz „Transnationale Kommunikation in Europa". Berlin 1999
Abbildung 5: Besson, Nanette A.: Strategische PR-Evaluation. Erfassung, Bewertung und Kontrolle von Öffentlichkeitsarbeit. Wiesbaden: VS Verlag, 2004, 2. Auflage
Abbildung 6: Besson, Nanette A.: Strategische PR-Evaluation. Erfassung, Bewertung und Kontrolle von Öffentlichkeitsarbeit. Wiesbaden: VS Verlag, 2004, 2. Auflage
Abbildung 7: Besson, Nanette A.: Strategische PR-Evaluation. Erfassung, Bewertung und Kontrolle von Öffentlichkeitsarbeit. Wiesbaden: VS Verlag, 2004, 2. Auflage
Abbildung 8: Checkliste Konzeptionsevaluation, ausgefüllt (eigene Darstellung, 2012)
Abbildung 9: Checkliste Prozessevaluation, ausgefüllt (eigene Darstellung, 2012)
Abbildung 10: Diagramm Beobachtung zur instrumentellen Evaluation (eigene Darstellung, 2012)
Abbildung 11: Beobachtung Homepage, instrumentelle Evaluation (eigene Darstellung, 2012)
Abbildung 12: Frequenzanalyse Homepage ÖGO (online abrufbar unter www.oego.org mit Administratoren-Log In, Stand April 2012)
Abbildung 13: Checkliste Prozessevaluation HP, ausgefüllt (eigene Darstellung, 2012)
Abbildung 14: Mitgliederzuwachsentwicklung (eigene Darstellung, 2012)
Abbildung 15: Checkliste Instrumentelle Evaluation Folder, ausgefüllt (eigene Darstellung, 2012)
Abbildung 16: Checkliste Instrumentelle Evaluation gesamt, ausgefüllt (eigene Darstellung, 2012)
Abbildung 17: Gesamtergebnisse (eigene Darstellung, 2012)
Abbildung 18: Darstellung Zielgruppen-Instrumente (eigene Darstellung, 2012)

Anhang

Meeting OEGO PR und Online-Strategie 2009

Inhalt:
1. Zielgruppenbestimmung
2. Leistungen für die Zielgruppen - darauf aufbauende Strategie der Homepage
3. Festlegung der
   Ziele
   Prioritäten
   Zeitachse der Umsetzung
4. Ideenfindung und was ist schon vorhanden
5. Strategie

1. Zielgruppenbestimmung

Fragen

    wen will man erreichen?
    welche Motive hat ein Nutzer der OEGO-Website?
    wie sind sie ansprechbar?
    wer benutzt unsere Homepage?

Mitglieder sollen Mehrwert haben - aus wirtschaftlicher Sicht für Mitglieder die Beitrag zahlen

Osteopathen

    Mitglieder
    Nichtmitglieder 40-50 % der Osteopathen

Potentielle Patienten

    informierte Patienten
    uninformierte/skeptische Patienten

Öffentlichkeit

    Information der offiziellen Stellen, etc.

1.1. Maßnahmen Online-Strategie:
- Google-Ranking verbessern
- Eintrag „OEGO" bei Wikipedia
- Einladende Startseite/ Homepage überarbeiten

2. Leistung für die Zielgruppen

Mitgliedernutzen
Serviceplattform nach außen für Mitglieder, für Patienten und offizielle Stellen
Information und Service

2.1 Maßnahmen:

2.1.1 Homepage

- Mikrowebsite/Mini-Homepage für Mitglieder, evtl. durch Domainerweiterung (in Planung)

  mustermann@oego.org – Mitglied kann dort
  seine eigenen Daten präsentieren
  Nutzer muss selbst seine Daten aktualisieren
  Admin für Mitglieder muss einfach gestaltet sein
  Grundlayout ist OEGO-Layout
  Rahmenlayout soll für alle Fotos gleich bleiben
  Verbreitung der Daten und Verlinkung bei den anderen

- Österreichkarte - zum Suchvorgang - für Patienten und Mitglieder (in Planung)

- Fragebogen (z.B. „Nutzen der Osteopathie")

  Mitglied verweist Patienten auf unsere Homepage – Patient kann einen **Fragebogen** ausfüllen
  Nutzen für Studie - OEGO oder Studenten Thesis - eigentlich für alle von Nutzen
  Umfrage per se ist ein Werkzeug
  Umfrage über Einzelsite geht über OEGO
  Studie oder statistisches Ergebnis dann auf die Homepage stellen
  NB – Viele User lesen mit der PC-Maus – gibt Firmen mit Programmen die stark frequentierte Sites oder Bereiche erkennen und auswerten - bekommt Auswertungstool - Kosten: einige Hundert Euro
  Tool: wie oft kommen Leute wieder

- Statistik

  läuft bei unserer Homepage im Hintergrund; gibt Einblick in Statistik (Besucher und Sites)
  Sites = Personen (=PC) evt. -20%
  Visits = wie oft wurde Seite besucht (1/2 Std. Pause gilt als neuer Besuch)
  Pages = wie viele Seite wurden angesehen

Besucher im Monat
Evtl. Info an Mitglieder wie oft unsere Homepage genutzt wird

- **Google- Ranking für Mitglieder v. Bedeutung**
  NB: Hauptfaktor für Google - Link auf Site ist Empfehlung für Site, je mehr Links desto höher die Bewertung

- **Automatischer Reminder ⇒ Kontaktdatenänderung für Mitglieder (in Planung)**

- **Zugang zu Studien für Mitglieder (in Planung)**

- **Nachbetrachtung von Veranstaltungen/Kongressen eventuell mit Fotos/Kurzvideos im Mitgliederbereich (in Planung)**

- **Presseseite**

- **Pressemappe – für Anfragen (zurückgestellt)**
  eigener Menüpunkt - Formular für den Presse-Kontakt
  über Login Zugang zur Pressemappe
  dadurch entstehen personifizierte Kontakte zur Presse, die evtl. später genutzt werden können, damit z.B. ein Artikel,… erscheint
  Auswahl der Medien durch OEGO
  Ideen

- **FAQ Bereich = Servicebereich für Patienten**
  Definition, was ist für den externen und/oder internen Bereich

- **Pages deutsch/englisch für offizielle Stellen und internationale Kontakte**
  für bestimmte Seiten dt. oder engl. Version zur Wahl

- **Anlass-Newsletter für Mitglieder**
  in Erinnerung bleiben - aktive Information - durch automatische Aussendung bei Neuigkeiten - wie z.B. Kongress"

- **Online-Shop für Visitenkarten, Folder,…direkt über den Mitgliederbereich**

- **Kurzvideos für uninformierte Patienten (in Planung)**
  Info für Patienten:
  wie Behandlung abläuft - sieht z.B. dass man sich ausziehen muss und Therapie teilweise sehr körpernah ist (will nicht jeder)

- **Fortbildungen – von WSO, OZK, Vorarlberg,...**

  in den öffentlichen Bereich stellen

  wesentlich für Anerkennung und Außenwirkung - sollen dort gelistet sein

  evtl. prominentes Vorwort

- **Suche/Biete dieser Bereich sollte Teil des Mitgliederbereiches sein**
  - Gibt es Partnerunternehmen?

2.1.2. Öffentlichkeitsauftritte:

Kongresse, Tagungen, Vorträge, Presseartikel
Wiener Schmerztag
Mitgliederwerbung an den Schulen

3. Zielfestlegung

Sommer 2009 Beginn Ideensammlung der neuen OEGO PR-Strategie
Oktober 2009 Kontaktaufnahme, erste Gespräche – Grafiker/Informatiker

Ziel: die Präsentation des neu überarbeiteten CD und CI im April 2010 beim OEGO-Kongress
Im Rahmen der GV 2010 (beim OEGO-Kongress) Vorstellung
- Logo und Layout neu (Briefpapier, PPT für Präsentationen/Vorträge, Stempel und Visitenkarten, Honoramotenblock für Mitglieder)
- Patienteninformationsfolder neu gestaltet
- Informationsbroschüre der OEGO zur Mitgliederwerbung
- Erscheinungsbild bei Veranstaltungen/Präsentationen erneuert (Wiener Schmerztag)
- neues Erscheinungsbild/Überarbeitung und Aktualisierung der Homepage

Umsetzung: erfolgt schrittweise den personellen und finanziellen Ressourcen entsprechend

4. Weitere Ideen:

Nicht-Mitglieder

- kleines Login zum Schnuppern auf Infoebene?
- Mappe oder Powerpointvortrag und an der WSO/IAO austeilen - noch zeitgemäß? oder eher Kurzinfo mit Hinweis auf Homepage die immer aktuell ist?

Patienten

Fotos Videos - zur Überprüfung der Erwartungshaltung
Fallbeispiele - ist auch Pressinfo
Link Weiterempfehlung
Ärzte online zu erreichen - Link – IDZ= interdisziplinäre Zusammenarbeit
Ärzteeintrag
Aktuelle Daten: durch Reminder Datenänderung automatisieren z.B. ½ jährig
Schlichtungsstelle

offiz. Stellen

sind sie vertreten? Welche sollen vertreten sein?
Gesamtauftritt
Pressebereich
Fortbildung
Fallbeispiele, Anamnese, Kontraindik
Schlichtungsstelle
Gästebuch
FAQ

Internat. Bereich einrichten

Überblick über das internationale Netzwerk
Darstellung der Gesamteuropäischen Situation in Europa wie z.B.
Anerkennung in anderen Ländern darstellen –
Landkarte zur besseren Illustration,..
Infomaterial mit Bild

Links zu FORE, EFO, IAO,....
Berufskodex online stellen

Zusammenfassung der Leistungen für die Zielgruppen

Mitgliedernutzen
    Minihomepage
    Anlaß-Newsletter
    Direktbestellung
    Reminder f Kontaktdatenänderung
    IDZ
    Zugang zu Studien
    Nachbetrachtung von Veranstaltungen,...Videos Fotos
    Fragebogen
    Standard Antworten
    FAQ
    Suche/Biete

Nichtmitglieder gewinnen
    Schnupperlogin?
    Infomappe

Patientennutzen
- Therapeutensuche mit Landkarte
- Minihomepage der Therapeuten - Direktkontaktmail
- Gästebuch ?
- allg. Info über Osteopathie
- Fotos
- IDZ -Ärzteliste
- FAQ Standard AW,
- Direkt-Fragebogen
- Schlichtungsstelle

Öffentlichkeit
- Gesamtauftritt
- Pressebereich
- Fortbildung
- Schlichtungsstelle
- Gästebuch ?
- FAQ
- Überblick über die internationalen Netzwerke und Anerkennungssituation

STRATEGIE

- CI, CD, Homepage – erneuern, aktualisieren - für ein einheitlich professionelleres Erscheinungsbild
- Mitgliederwerbung
- Schlichtungsstelle etablieren
- Öffentliche Präsenz: Kongress, Tagungen, Fortbildung, Vorträge, Wiener Schmerztag,...
- Medien: Presseartikel
- Kontakte:
  internat. Ebene – EFO, FORE, CEPLIS (Mitgliedschaften) europ. Berufsverbände,..
  nationaler Ebene – polit. Ebene - Ministeriumskontakte knüpfen, Juristen
  Ausbildungsstätten

EVALUATIONSPLAN

Kontinuierliches Feedback

PR-Evaluationsplan	Konzeptionsevaluation	Prozessevaluation	Instrumentelle E.	Ergebniskontrolle und -verwendung
	• PR Situation • PR Strategie • PR Taktik	• Maßnahmen • Zeit • Kosten • Ressourcen • Soziales • Randausch.	• Maßnahmen • Aufmerksamk. • Wahrnehmung • Allg. Situation	• Analyse • Bewertung • Empfehlung

PR-Checkliste	Interview	Checkliste	E-Urteil	Beobachtung	Evaluationsbericht MASTERTHESE!
• Expertenurteil		• FB		• Hits • MGZ	
1 Tag	1 Tag	1 Tag	1 Tag	1 Woche	

FB: Fragebogen
MGZ: Mitgliederzahl

CHECKLISTE KONZEPTIONSEVALUATION

		Nicht nötig	Trifft nicht zu	Trifft teilweise zu	Trifft voll zu
Datenbasis	Vorhandene Info wird genutzt			x	
	Eigenrecherche wurde betrieben			x	
Instrumente	Situationsanalyse über vorhandene Info			x	
	Situationsanalyse über Beobachtung		x		
	Situationsanalyse über Inhaltsanalyse		x		
	Andere Methoden		x		
Bewertung der Situation	Umfeld wurde beachtet			x	
	Krisengefahr wurde definiert		x		
	Formulierte Aufgabe ist logische Konsequenz der Situation			x	
Zieldefinition	Ziel ist eindeutig beschrieben			x	
	Ziel ist messbar festgelegt				x
	Zeitlimit ist festgelegt				x
	Bezug zw. PR- und Unternehmenszielen ist klar			x	
	Unterteilung in interne und externe Ziele wurde vorgenommen		x		
Botschaften	Botschaften haben klaren Zielbezug		x		
	Botschaften sind verständlich		x		
Zielgruppen	Wurden in extern/intern geteilt			x	
	Funktionen der Zielgruppen wurde festgelegt				x
	Botschaften wurden an Zielgruppe angepasst		x		
Kernmaßnahmen	Maßnahme erreicht Zielgruppe				x
	Maßnahme transportiert Botschaft			x	
	Zeichnet sich durch Originalität aus		x		
Maßnahmen	Maßnahmenplan wurde erstellt				x
	Maßnahmen passen zusammen			x	
	Jede Maßnahme transportiert Botschaft		x		
	Jede Maßnahme erreicht Zielgruppe			x	
	Jede Maßnahme hilft bei Zielerreichung			x	
	Ziele wurden für jede Maßnahme		x		

		festgelegt				
		Organisation für jede Maßnahme wurde geplant		x		
		Für jede Maßnahme wurde Methode zur Erfolgskontrolle geplant		x		
	Zeitplan	Gesamtprojektdauer festgelegt			x	
		Zeitverteilung des gesamten Projekt wurde geplant		x		
		Entscheidende Termine/Zeitpunkte wurden festgelegt			x	
	Ressourcenplan	Personalplan mit Zeit- und Aufgabenverteilung wurde erstellt		x		
		Bedarf an Technik und anderen organisator. Details wurde bedacht		x		
	Budgetplan	Vorab wurde eine detaillierte Aufstellung über Kosten erstellt		x		
		Kostenverlaufsplan wurde erstellt		x		

LEITFADEN EXPERTINNENINTERVIEW

Forschungsfrage und Subfragen

Inwiefern eignen sich die von der ÖGO geplanten PR-Projekte zur Umsetzung jener Ziele, die sich die ÖGO hinsichtlich ihrer PR setzt?

Subfragen:
- Welche PR-Ziele und Zielgruppen der PR formuliert die ÖGO?
- Inwieweit entsprechen die formulierten Ziele den angesprochenen Zielgruppen?
- Welche Maßnahmen und Instrumente plant die ÖGO zur Erfüllung/Erreichung dieser Ziele?

Interviewleitfaden

PHASE 1: Einstieg in das Interview
- Bedanken für die Bereitschaft zum Interview
- Zweck des Interviews, Thema
- Dauer, Aufzeichnung auf Tonträger, Transkription, Anonymisierung
- Fragen?

PHASE 2: Hauptteil Interview

THEMENBLOCK 1 – PR-MASSNAHMEN

Erinnerung PR-Konzept 2009

Zielgruppe:	Interne Öffentlichkeit
Ziel:	Motivation zur aktiven Mitarbeit und Förderung, Bindung an den Verein
Instrument:	Möglichkeit zur Präsentation auf der Homepage der ÖGO
	Online-Shop
	Zugang zu Studien

Zielgruppe:	Kern-Öffentlichkeit
Ziel:	Werbung von Mitgliedern
	Werbung von PatientInnen
	Information für PatientInnen
Instrument:	Informationsfolder für Nicht-Mitglieder und PatientInnen
	FAQ-Bereich
	Verbesserung des Google-Rankings

Zielgruppe:	Fach-(politische) Öffentlichkeit
Ziel:	gesetzliche Reglementierung und Anerkennung der Osteopathie
Instrument:	-

Zielgruppe:	Medienöffentlichkeit
Ziel:	-
Instrument:	Pressemappe

- Welche dieser Maßnahmen wurde bisher umgesetzt?
- Gibt es Maßnahmen, die nicht umgesetzt wurden?
  - → Weshalb wurden die Maßnahmen nicht umgesetzt?
- Wurden Maßnahmen verändert?
  - → Weshalb wurden Maßnahmen verändert?

THEMENBLOCK 2 – ZEITKONTROLLE

- Welchen Zeitraum hat sich die ÖGO gesetzt, das PR-Konzept von 2009 umzusetzen?
- Wurde/Wird der Zeitrahmen zum aktuellen Zeitpunkt eingehalten?
  - → Wenn nicht: wurde schneller oder langsamer gearbeitet?
  - → Wie groß ist die +/- Zeitdifferenz?
  - → In welchem Bereich wurde schneller/langsamer gearbeitet (welche Aktion/welches Instrument)?

THEMENBLOCK 3 – KOSTENKONTROLLE

- In welche Höhe etwa liegt das Budget der ÖGO für PR-Maßnahmen?
- Entsprechen die tatsächlichen Kosten des Gesamtprojektes den erwarteten Kosten?
  - → Wenn nein: wurde mehr oder weniger ausgegeben als erwartet?
  - → Wieviel mehr oder weniger wurde ausgegeben?
  - → In welchem Bereich lagen die Mehr/weniger-Ausgaben (Personal, Material, Externe, Events/Aktivitäten)?

THEMENBLOCK 4 – RESSOURCENKONTROLLE

- Wie empfinden Sie die personellen Ressourcen hinsichtlich der zu leistenden Aufgaben des PR-Teams der ÖGO?
- Wie empfinden Sie die technischen Ressourcen hinsichtlich der zu leistenden Aufgaben des PR-Teams der ÖGÖ?

THEMENBLOCK 5 – SOZIALE PROZESSE

- Wie gestaltet sich die Zusammenarbeit innerhalb des PR-Team der ÖGO?
- Wie ist die soziale Stimmung innerhalb des PR-Teams?
- Sind Sie zufrieden mit dem PR-Projekt (Umsetzung/Gestaltung)?
- Erfahren Sie Lob zum PR-Projekt vom Vorstand/von anderen MitarbeiterInnen?
- Gibt es Ihrerseits Kritik zum PR-Projekt?
- Gibt es Kritik von Seiten des Vorstands/anderen MitarbeiterInnen zum PR-Projekt?

THEMENBLOCK 6 – UNERWARTETE RANDERSCHEINUNGEN
- Gab es unerwartete Reaktionen innerhalb des PR-Teams? Wenn ja, welche?
- Gab es unerwartete Reaktionen innerhalb des Vorstands der ÖGO? Wenn ja, welche?
- Gab es unerwartete Reaktionen von Seiten der entsprechenden Zielgruppe? Wenn ja, welche?
- Gab es unerwartete Reaktionen von Seiten einer anderen Zielgruppe? Wenn ja, welche?
- Gibt es sonst noch offene Bemerkungen? Wenn ja, welche?

PHASE 3: Gesprächsabschluss
- Dank
- Abschließende Fragen

KATEGORIENSCHEMA

Kategorie	Subkategorie	Definition	Ankerbeispiel	Kodierregel
Kostenkontrolle	Vorhandenes Budget	Zu Verfügung stehendes Budget der PR-Beauftragten der OGO für Öffentlichkeitsarbeit	Also wir haben etwa 10.000 Euro für die PR zu Verfügung.	Äußerungen dürfen nur zu Verfügung stehendes Budget betreffen, nicht +/-
	Überschreitung des Budgets	Alle Kosten, die das zu Verfügung stehende Budget überschreiten	Ja, wir haben schon mehr als das ausgegeben.	Äußerungen zu Mehr-Ausgaben, konkret verbrauchtes Budget
	Unterschreitung des Budgets	Alle Kosten, die das zu Verfügung stehende Budget unterschreiten	-	Äußerungen zu Weniger-Ausgaben, konkret verbrauchtes Budget
	Bereiche der Mehr-Ausgaben	Bereiche, die etwaige Mehr-Ausgaben verursacht haben	Vor allem beim Personal, also Informatiker und Graphiker. Das hat mehr gekostet.	Äußerungen über konkrete Bereiche, die mehr gekostet haben als erwartet.
	Bereiche der Weniger-Ausgaben	Bereiche, die etwaige Weniger-Ausgaben verursacht haben	-	Äußerungen über konkrete Bereiche, die weniger gekostet haben als erwartet.

BEOBACHTUNGSPLAN

Beobachtungsobjekt	PR-Projekt der OGO	
Beobachtungssubjekt	HP der OGO	Online Shop
		Präsentationsplattform für Mitglieder
		Zugang zu osteopathisch relevanten Studien
		FAQ-Bereich
	Wikipedia	Eintrag der OGO
	Google	Ranking der HP der OGO
	Statistiken OGO	Mitgliederzahl OGO seit 2009
Beobachtungsmittel	Internets	Homepage der OGO
		Wikipedia
		Google
Beobachtungseinheit	Zeichensystem	Vorhanden/Nicht-Vorhanden
		Konkrete Zahlen
Auswertung	Diagramme	
	Statistik	

CHECKLISTE INSTRUMENTELLE EVALUATION

	Gar nicht	kaum	gut	Sehr gut	Keine Angabe	Anmerkungen
Allgemeine Maßnahmenkontrolle						
Aktuell			x			
Zielgruppenspezifisch				x		
Zielgruppen erreicht			x			
Botschaft platziert		x				M.E. gibt es besonders bei den Foldern keine klaren Botschaften, die OEGO vermitteln will. Für was stehen sie? Was wollen sie? Was habe ich als Patient davon? Maßnahmen sind gut- aber die Botschaft dahinter fehlt etwas.
Aufmerksamkeitswert			x			
Erinnerungswert			x			
Corporate Identity			x			
Folder PatientInnen						
Aktualität		x				
Inhalt			x			
Zielgruppenspezifisch			x			
Layout/Graphik			x			
Information			x			
Organisatorisches (Kontakt, etc.) da				x		
Folder Mitglieder						
Aktualität		x				
Inhalt			x			
Zielgruppenspezifisch			x			
Layout/Graphik			x			
Information			x			
Organisatorisches (Kontakt, etc.) da				x		
Homepage						

Aktualität	x				
Inhalt			x		
Zielgruppenspezifisch			x		
Layout/Graphik	x				
Information		x			
Organisatorisches (Kontakt, etc.) da		x			Pressekontakt fehlt, Pressetext- kurze Beschreibung was ist OEGO, Was machen sie, Fact sheet zu Osteopathie